UNIVERSIDAD AUTÓNOMA DE
CHIHUAHUA

Facultad de
**Ciencias Políticas
y Sociales**

COMUNICACIÓN ORGANIZACIONAL

Autores:
Reynaldo Elizondo Rodríguez
Edgar Yáñez Ortiz
René González Nava

Editor:
Guillermo Cervantes

Revisor:
José Luis Ibave

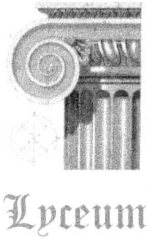

Lyceum

Revisado y arbitrado por académicos de tiempo completo de la Facultad de Ciencias Políticas y Sociales de la Universidad Autónoma de Chihuahua en febrero de 2011.

La junta académica de revisión se conformó por:

M.A. Mauro Conde Martínez

M.A. José Luis Verdugo Hernández

M.A. José Netzahualcóyotl González

M.A. Rubén Borunda Escobedo

COMUNICACIÓN ORGANIZACIONAL

Primera edición, 2011

Portada por GuillermoCervantes

© Lyceum books

© Borderland Studies Publishing House

Borderland Studies Publishing House

El Paso, Texas.

ISBN-13: 978-1463607135

ISBN-10: 146360713X

Printed in the USA

Contenido

INTRODUCCION

El proceso de la revolución industrial se ha caracterizado por la transformación que se ha venido operando en la realización del trabajo individual al trabajo organizado

La organización moderna que nació con la industrialización, se ha visto obligada a integrar los factores elementales económicos tales como: los recursos naturales, el trabajo y el capital, en una unidad económica superior constituyendo así una organización de grupos humanos y de instrumentos técnicos. Esta exigencia organizadora esta impuesta por la división y la especialización del trabajo en la nueva tecnología, que ha motivado necesidades nuevas de formas de asociación en la empresa para alcanzar una productividad máxima.

Una forma de definir la organización de la empresa es por la integración de las diversas actividades productivas necesarias para la producción de un bien complejo y por la distribución de los papeles o funciones de las diferentes personas que ejecutan los objetivos y las metas de producción.

Un ejemplo de todo lo anterior se ve cuando se quiere producir un automóvil según las modernas técnicas de fabricación en serie, para esto se requiere una organización que coordine todos los departamentos de fabricación especializado en la elaboración de los distintos componentes del automóvil, hasta su terminado final. La empresa deberá adquirir todo tipo de tecnología de la avanzada y los trabajadores necesarios y bien capacitados para poder alcanzar el objetivo de la producción de este bien según la nueva tecnología existente para la fabricación en serie que de otra forma le sería imposible alcanzar.

Además de todo lo anterior, tendrá que coordinar los trabajos individuales de los distintos departamentos de fabricación mediante una eficiente comunicación en el propósito común de producción. Esto requiere que cada individuo o grupo que desempeña un papel específico en sus puestos de trabajo, deberá actuar con una interdependencia funcional por el fin común de producción.

El trabajo en la empresa moderna está condicionado por la naturaleza técnica de producción y por las nuevas formas de asociación imputable a las condiciones sociales del trabajo en equipo. Por lo tanto, la empresa moderna es esencialmente distinta de la empresa artesana o individual.

Las necesidades de organizar el trabajo individual para obtener un producto social, establecen condiciones nuevas de cooperación humanas y posiciones nuevas para cada individuo sobre la forma en que se debe de trabajar y de satisfacer sus propios intereses. En esta nueva organización el trabajador ha venido abandonando su conducta organizada que le obliga a satisfacer sus necesidades con las renuncias o coerciones sociales que hasta cierto punto limitan su libertad y acción personal.

La formación de las organizaciones empresariales está impulsada por los fines económicos de maximizar la productividad de los factores que reúne y de intensificar la cuantía de los ingresos de los grupos que se someten a su control coercitivo de dirección.

Las nuevas necesidades que provienen de la técnica y de los intereses humanos hoy solo se pueden satisfacer en los presupuestos en que se desenvuelven las organizaciones. La producción industrial masiva y el aumento del poder adquisitivo de los grupos de trabajo, solo es posible en la organización que reúnen determinadas condiciones para cumplir estos objetivos económicos.

En la organización, todas estas condiciones deben estimarse tanto en las acciones de tipo operativo para cumplir con sus funciones productivas, como los diseños estructurales en que se ha de desarrollar el trabajo humano para actuar de forma cooperativa. Es decir, la organización desde el enfoque de la ejecución de las tareas debe analizar la conducta que el trabajador desarrolle en sus puestos funcionales. El personal administrativo los jefes de los departamentos, los obreros y todos los demás empleados, se han de someter a las distintas operaciones exigidas por las funciones que se les encomiendan dentro de los objetivos comunes de la empresa.

Pero también desde el punto de vista de la estructura de la organización se han de estudiar las posiciones que estas personas ocupan, los papeles que se les confieren y las relaciones que surgen desde las funciones sociales realizadas en un grupo. La distribución de funciones entre el personal administrativo y el técnico, los empleados y los obreros, conduce necesariamente a la formación de puestos con papeles o roles determinado. Y cada puesto de trabajo se define por los derechos y deberes que se asignan a las personas forman parte del cuerpo social de la empresa y que está en relación con lo que se espera debe realizarse y con las exigencias de cooperación que se tiene derecho a reclamar de los demás puestos. La base de cada posición de la empresa está en la coordinación de las funciones que conduce un conjunto de papeles que han de ajustarse a unas pautas establecidas por la acción social. Estas pautas son las que determinan los límites estructurales y dentro los cuales actúan los grupos de la organización. Las estructuras de la organización han merecido la atención de todos aquellos que se plantearon el problema de mando y de las relaciones de comunicación que se originan dentro desde los puestos de trabajo y desde el cuerpo directivo de la empresa.

Unos estudiosos de la organización han creído conveniente asignar los papeles de los grupos según la división funcional de las actividades operativas y otros según el gobierno eficiente del cuerpo social. Y hay quienes analizan la estructura de la organización como un sistema social encaminado a un objetivo en el que los elementos que lo componen están en una interacción reciproca y entre tensiones motivadas por las diferencias de poder que han de concluir con un equilibrio aceptable.

Al ser considerada la organización como una interdependencia de acciones humanas, debe estudiarse desde la conducta de sus miembros las funciones y la estructura de una organización vendrán afectadas por consiguiente por los grupos humanos que trabajan en su interior. Los individuos traen a la empresa un sistema de valores actitudes ambientales y todo tipo de condicionamientos sociales que pueden afectar la adaptabilidad del hombre a la organización. Por otra parte, las tensiones o conflictos entre las necesidades del individuo y una moral elevada que ayude la productividad, lo cual se puede lograr mediante programas adecuados de capacitación y una comunicación eficiente.

Actualmente en las organizaciones desde los supuestos de la psicología conductista se han venido estableciendo nuevos hábitos para que los individuos se adapten a los nuevos cambios organizacionales. Se pretende lograr una conducto racional que elabore decisiones eficaces de gestión. Estas nuevas condiciones obligan al individuo a una adaptación de su conducta que puedan suscitar en su interior impulsos de sumisión o de rechazo a la organización.

PRIMERA UNIDAD

La organización, el diseño, la estructura y los sistemas de la información.

Objetivos

1. Analizara los principios en que se basa las organizaciones.

2. Comprenderá las categorías de responsabilidad social de las organizaciones.

3. Identificara los diferentes sistemas administrativos en los cuales ha de basarse su diseño.

4. Analizara los elementos que intervienen en la estructura.

5. Comprenderá las características de administración dentro de la globalización de orden mundial.

6. Identificara los sistemas de información gerencial.

7. Identificar los estilos de liderazgo que existen y como impactan en la organización

8. Aprender de que manera el comportamiento organizacional nos ayuda e llevar las riendas de una organización

UNIDAD I

COMUNICACIÓN ORGANIZACIONAL

1.1 La relación entre Sociedad y Organización

Una característica de la sociedad moderna es la multiplicidad de sus organizaciones y es ahí cuando reciben el nombre de organizacionales. Sin embargo en las sociedades primitivas había un patrón y nada más se producían solo un servicio o un determinado bien, es lo que la diferencia de las modernas, producen todo tipo de bienes y servicios a través de organizaciones con fines específicos, unas tienen el objetivo de una utilidad económica, como venta de servicios y productos, otras no son lucrativas, como lo son instituciones gubernamentales, religiosas, caritativas etc.

Del modo de funcionar de una organización y la forma de dirigir los asuntos de una sociedad de pende de que prácticamente todos los miembros de la sociedad moderna acudamos a ella, ya sea para conseguir los bienes y servicios en cantidad y calidad suficientes y a precios razonables.

1.2 ¿Que es una organización?

"Muchos son los escritores que han dado sus definiciones sobre la organización, pero de todas ellas se han obtenido ocho características o elementos comunes:

Hay diferentes conceptos de organización y es así como de estos se han obtenido ocho características:

a) Un grupo de personas.
b) Relativa permanencia o existencia interrumpida.
c) Una característica común de la sociedad moderna.
d) Orientación de un fin o una meta comunes o limitados.
e) Actividades y responsabilidades diferenciadas.
f) Jerarquía de autoridad.
g) Coordinaciones racionales deseadas.
h) Interacción en el ambiente.

Los primeros tres elementos (colectividad, permanencia y características comunes indican que las personas se reúnen para formar grupos estables llamados organizaciones).

En nuestra ciudad existen actualmente 188 organizaciones de tipo maquiladora, al igual que supermercados, restaurantes, entre otros que ofrecen servicios, pero también existen todas las de orden público que producen bienes y servicios en donde participa el Estado, además las no lucrativas como lo son iglesias, el DIF, asociaciones para personas adictas, partidos políticos etc.

Los otros cuatro siguientes (orientación, a fines comunes actividades diferenciadas, jerarquías y coordinación), representan las características internas de las organizaciones que las hacen diferentes a los grupos de personas tales como las multitudes y a la familia. La interacción sostiene que la organización sostiene algunas modalidades que interactúan tomando cosas del ambiente y proporcionan otras.

Debemos aceptar que las organizaciones son entidades vivas; cambian y evolucionan junto con su ambiente. Nada permanece estático, un ejemplo muy claro de esto es Futurama era uno de los supermercados más importantes en nuestra localidad al igual que Coloso Valle y hoy en día ninguno existe, Futurama solo se quedo con mueblerías, que era otro de los servicios que ofrecía. La quiebra de estas empresas fue gracias a que no quisieron hacer un cambio importante en su organización, desde sus instalaciones, su sistema operativo, publicidad entro otras cosas. Es aquí donde otros empresarios aprovechan y crean supermercados con las necesidades que el cliente pedía, es así como Smart, Soriana, Walt- Mart entre otros están en una constante lucha por ser de la preferencia de nosotros y ellos si aceptan el cambio constante en su organización.

Es así como una organización hace posible que muchas personas funcionen como una unidad; para asegurar que cada una de ellas cumpla a cabalidad con su papel dentro de esta estructura, la organización debe estar muy bien diseñada, estableciendo un orden y normas que todos los participantes deben conocer bien. Además, es necesario que esas normas y los recursos de la empresa (humanos, técnicos, materiales y financieros) estén orientados a alcanzar los fines que se propone. Estos fines o metas deben, necesariamente, existir en una entidad o el concepto de organización no tendría razón de ser, ya sea para generar bienes o no. En el caso de una empresa, el fin es, de hecho, generar bienes o servicios.

Por es importante que dentro de la definición de organización no solo se tome en cuenta los elementos estáticos, si no que se incluya su evolución en un ambiente dinámico como el que actualmente se requiere en la nueva teoría y práctica de los mercados globales.

Es así como David Hampton define a la organización como:

"Es un grupo relativamente estable de personas en un   sistema estructurado y en evolución, cuyos esfuerzos coordinados tienen por objeto alcanzar metas en un ambiente dinámico''

1.3 La necesidad de cambios en las organizaciones

Norma Zandomeni nos dice que la idea sobre "la necesidad del cambio'' se ha instalado en las organizaciones y, aunque con distinto grado de intensidad y con diferencias en cuanto a sus alcances, las empresas se han visto forzadas a encarar procesos de cambio, como alternativa prácticamente excluyente para sobrevivir en un contexto en permanente evolución y con reglas de la competencia cada vez más severas.

Los procesos evolutivos en el entorno tecnológico, económico, ecológico, social y político generan un particular dinamismo en los mercados, lo que a nivel empresa se traduce en elevadas exigencias de flexibilidad: flexibilidad tecnológica, flexibilidad en sus estructuras y en las formas de organizar el trabajo, para responder rápidamente a los cambios que se operan en esos mercados.

Por otra parte, cada vez más las tecnologías acercan y reducen diferencias en cuanto a calidad y costo de los productos, por lo que las competencias clave de las empresas pasan fundamentalmente por la posibilidad de generar valor a través de las personas: atención y servicio al cliente, respuesta rápida a las necesidades de los clientes, capacidad de innovación, etc.

Como ya fue mencionado, es importante que una organización evolucione constantemente, para no quedarse atrás crear nuevas técnicas de trabajo que sirvan para el mejoramiento de esta como lo hacen los países altamente industrializados como lo es Estados Unidos, Canadá, Japón, Francia, Alemania etc.

Alvin Toffler menciona en su libro "La Tercera Ola" menciona cinco aspectos los cuales influyen y aceleran mucho más rápido el cambio:

- Aspecto físico: Se refiere a la población creciente, a los recursos cada vez menores y al aumento de la contaminación.
- Aspecto Social: Formación de grupos de interés más organizados y asertivos que presionan para que las empresas actúen con un mayor sentido de responsabilidad.
- Aspecto informacional: Movimiento rápido de las masas de información a través de los sistemas de computación
- Aspecto Político: Un contacto más directo con diversos niveles de gobierno y de la política,
- Aspecto Moral: Mayor precisión para que se observe una conducta ética.

Pero no solo Alvin nos habla sobre este tipo de cambio, John Naisbitt y Patricia Aburdene, en si título Megatendencias 2000, citan diez orientaciones las cuales están transformando la sociedad, pero solo siete son las más importantes.

1. "De la sociedad industrial a la sociedad de información":

Es la sociedad en la que predomina principalmente la información. Cada vez hay más profesionistas que trabajan en sistemas computacionales, informática y programación, ya que se han vuelto herramientas indispensables para realizar el trabajo.

2. "De la tecnología obligatoria a la alta tecnología o gran mecanización":

Esto es que cada vez se irá desechando la producción de tipo fabril y adoptar la alta tecnología en equipos como computadoras, robots, etc. Grandes empresas como IBM, Hewleet Pakard y otras desarrollan personal, estilos, habilidades y metas superiores que crean una cultura donde la gente encuentra significado a su vida a través de los valores compartidos y contactos humanos satisfactorios en su trabajo.

3. "De la economía nacional a la economía mundial":

Siempre ha habido comparaciones de las industrias de un país a otro, pero lo importante es que las empresas se internacionalicen o entren a la globalización del mercado. Es decir que cada las de las industrias se ayuden entre si y obtengan un beneficio.

4. "De corto a largo plazo":

Cada día nos percatamos mas de las consecuencias que a largo plazo tienen las acciones a corto plazo. Es decir que es importante que todos los ejecutivos se concentren en fijar metas a corto plazo para que puedan ser cumplidas mucho mejor.

5. "De la centralización a la descentralización":

Algunos observadores de las corporaciones parecen si mismos convencidos de que las empresas con un desempeño excelente aumentan la autonomía en los niveles más bajos de la organización en los niveles más bajos de la organización y distribuyen las operaciones en instalaciones pequeñas. Pues que poseen culturas fuertes, los valores compartidos que constituyen su núcleo indican la descentralización, no ocasiona una pérdida de control. Por lo contrario la descentralización es una opción que compañías más prosperas al parecer han descubierto, da buenos resultados pues ocurre dentro de un contexto de valores compartidos que sirven de control implícito. Los empleados que comparten una idea clara de las finalidades de la compañía, se adhieren a los valores de esta, se atendrán a tomar mejores decisiones similares, sin necesidad de reglas explicitas, burocráticas y pormenorizadas.

6. "De la democracia representativa a la democracia participativa":

La democracia participativa es en donde la gente toma las decisiones que afectaran su vida. Es aquí cuando los accionistas de las empresas siempre cuestionan las propuestas hechas por los directivos de estas, y de que los empleados exijan sus derechos que les otorga la constitución política , pero que al mismo tiempo han perdido ese derecho por la ley constitudinaria que rige la relación entre amo y siervo.

7. "De las jerarquías a las redes":

Dentro de las organizaciones lucrativas, esta tendencia significa una transición de la importancia concedida a la estructura formal y vertical de las relaciones jerárquicas a un estilo gerencial que subraya las redes laterales, diagonales y consecuentes de la interacción e influencia. Un ejemplo claro es que en muchas organizaciones tienen un sistema de "Círculos de calidad", en donde un grupo de trabajadores discuten y resuelven directamente problemas relacionados con el trabajo.

1.4 Responsabilidad Social de la Organización.

Va más allá del cumplimiento de las leyes y las normas, dando por supuesto su respeto y su estricto cumplimiento. En este sentido, la legislación laboral y las normativas relacionadas con el medio ambiente son el punto de partida con la responsabilidad ambiental. El cumplimiento de estas normativas básicas no se corresponde con la Responsabilidad Social, sino con las obligaciones que cualquier empresa debe cumplir simplemente por el hecho de realizar su actividad. Sería difícilmente comprensible que una empresa alegara actividades de responsabilidad social de la organización si no ha cumplido o no cumple con la legislación de referencia para su actividad.

Ante el cambio de las normas las organizaciones no deben de olvidarse de que aunque la corporación persigue en sus marcadas metas económicas bien definidas guiadas por las utilidades, vive y respira en el seno de una sociedad.

Hoy en día las empresas se enfrentan a una gama de factores sociales dentro de una organización que afectan en forma grave y directa a sus operaciones corporativas como lo son la contaminación, discriminación racial, derechos humanos entre otros.

Hay dos concepciones de responsabilidad social que se han manifestado en estos tiempos: la primera, la concepción formulada por el economista Milton Friedman que sostiene que "la empresa no tiene más que una responsabilidad y solo una: utilizar sus recursos y energía en actividades tendientes a incrementar sus utilidades, a condición de que observe las reglas de juego".

Fiedman duda que los generantes tengan sabiduría especial para saber en qué consiste la responsabilidad social. Dice que su interés debe consistir en encontrar la manera de hacer empresas rentables y no preocuparse en gastar dinero de la empresa en financiamientos de proyectos sociales.

La organización socialmente responsable es la que dirige con firmeza, busca utilidades, es competitiva y no viola las reglas del juego, así se beneficia a la sociedad.

La segunda concepción nos dice que el interés de la sociedad se logra mejor mediante la aceptación de obligaciones directas de otros interesados y también en los accionistas. Dentro de este concepto la responsabilidad social de la empresa no consiste en realizar las ambiciones de utilidades de sus dueños, si no en tener explícitamente en cuenta otros intereses, algunos de los cuales no son de carácter económico.

Francis W. Steckmest, en su libro "the key to public trust" afirma que tradicionalmente el desempeño de la empresa sea juzgado a partir de los resultados financieros. Pero a muchas personas el desempeño corporativo ha adoptado otros significados, que a su juicio, son igual de validos. A ellos les preocupa como dicho desempeño afecta a los clientes, accionistas, empleados, vecinos y ciudadanos, también interesa en ambiente físico y social. Es así como las corporaciones sean juzgadas cada vez más por su desempeño global de su influjo político y tecnológico, así como a partir de sus resultados financieros y económicos.

Otro escritor Keit Davis afirma que la responsabilidad social nace del poder. Es decir que las empresas se sirven de su poder para conseguir sus fines económicos, pero produce otras consecuencias como los llamados beneficios económicos y costos sociales o no relacionadas con el mercado. La prosperidad económica seria un beneficio social. La contaminación ambiental, enfermedades, la desintegración familia, etc., sería un costo social.

1.5 Niveles de Responsabilidad social.

La primera concepción de responsabilidad social, se encuentra en el nivel más bajo cubriendo las aéreas de responsabilidades económicas, responsabilidades legales, la segunda concepción cubre las aéreas de responsabilidades éticas, y discrecionales.

Algunos teóricos han distinguido diversos niveles de la responsabilidad social corporativa, o lo que algunas veces llama "sensibilidad social". La primera concepción de responsabilidad social se encuentra en el nivel más bajo cubriendo las aéreas de responsabilidades económicas y responsabilidades legales, la segunda concepción cubre las aéreas de responsabilidades éticas y discrecionales.

Categoría de la responsabilidad social

Responsabilidades sociales totales

Responsabilidades Económicas	Responsabilidades Legales	Responsabilidades Éticas	Responsabilidades Discrecionales

CUESTIONARIO 1

INSTRUCCIONES: Comenta en tu equipo las siguientes preguntas y establezcan sus propias conclusiones, exponiéndolas ante el grupo en forma oral o escrita…

1. ¿Cómo se llego a la definición de una organización?

2. ¿De qué manera interactúa con su ambiente y como cambia y evoluciona al irse adaptando a su nuevo ambiente?.

3. ¿Cite algunas de las características de una organización?

4. ¿Por qué la expresión: Evolución dinámica se aplica a las organizaciones?

5.   ¿Cuáles son los cinco aspectos del ambiente que Alvin Toffler cita como fuente que acelera el cambio?.

6. ¿Comente las siete tendencias o nuevas direcciones que Jhon Naisbitt menciona como causa del cambio en la época actual?

7. ¿Cómo se define el primer concepto de responsabilidad social?

8. ¿Qué diferencias encuentran en el primer y segundo concepto de responsabilidad social?

9. ¿Cuáles son los cuatro niveles de responsabilidad social y como pueden describirse?

2. El diseño de las organizaciones

La estructura de la organización es un mecanismo proyectado para ayudar a lograr las metas de la empresa. Por pequeña que sea una organización debe comenzar por definir sus objetivos, ya que sus recursos pueden ser limitados y deben utilizarse eficazmente si es que se requiere que la empresa sobreviva y prospere.

El diseño de un nuevo sistema de organización quizá sea el paso más importante en el proceso de reorganización de una empresa. La construcción de la organización ideal debe considerar lo mejor que se haya escrito sobre materia y que sea adaptable a las necesidades de la empresa. El empleo del término "ideal" no está referido en el sentido de construir una organización cien por ciento eficiente, "perfecta, sino más bien al contraste con la organización actual.

Lo fundamental para el diseño de organizaciones es el conocimiento actual de la empresa. Sin la comprensión general y específica de la situación actual y una buena comprensión de los requerimientos del sistema futuro, la posibilidad de que el sistema propuesto sea bueno se reduce en forma considerable.

Es un verdadero problema diseñar el interior de una organización, sobre todo la parte que llamaremos el sistema gerencial, para facilitar los esfuerzos de la organización, para poner en práctica la estrategia o estrategias que hay escogido para cumplir su misión y objetivos en un ambiente particular. Aquí nos referimos al diseño y estructura de la organización tradicional, posteriormente se ceras las características de las organizaciones de la clase mundial.

Aquí se enumeran algunas de las cuestiones que contribuyen el problema de diseño del sistema gerencial o de la organización global:

¿Deben los puestos dividirse en áreas reducidas de trabajo y responsabilidad, a fin de obtener las ventajas de la especialización? ¿o bien, debe el grado de especialización mantenerse al mínimo para simplificar la comunicación y ofrecer a los miembros de la organización mayor campo de acción y responsabilidad en sus labores?. Otra decisión que se presenta es el diseño de puestos. Se refiere al grado en que deben definirse con precisión las responsabilidades y los métodos que conciernen.

¿Deberá la estructura global de una organización ser más alta que ancha en términos de sus niveles y tramos de control? ¿Qué implicaciones tiene para la comunicación. La motivación y los gastos indirectos optar por una de las alternativas?

¿Deberán los puestos y departamentos agruparse de modo funcional conforme a la pericia de los especialistas y de los intereses que comparten? ¿O deberían agruparse según los distintos servicios y productos que ofrecen, las zonas geográficas a las que se da servicio, o de acuerdo con otro criterio?

¿Conviene buscar una forma intensiva de integración entre los diversos fragmentos de una organización o no? ¿Qué clase de mecanismos integrados están disponibles para elegir entre ellos?

¿Qué actitud deben los gerentes adoptar ante la conservación de un control adecuado sobre el trabajo efectuado? ¿Deben centralizar o delegar las decisiones y si no lo hacen deben centralizar o delegar todos o solo una de ellas? ¿Debería adoptarse una política de formalización general en que, para el control, se recurra a órdenes permanentes o registros escritos? ¿Debería el trabajo estar sujeto a una supervisión estrecha?.

2.1 Concepto de Sistema Administrativo

El sistema administrativo de una organización comprende sus prácticas de planeación, organización, integración, dirección y control; es el patrón global formando por las diversidades prácticas gerenciales.

2.2 Tipos de Sistemas administrativos: Burocracia y adhocracia.

El término que designe mejor cualquier otro tipo de sistema administrativo global formado por la práctica del grupo de pesos de diseño es el de burocracia. Mientras el grupo más flexible presentado por el de pesos más avanzados lo llamaremos adhocracia por que este vocablo sugiere organizaciones flexibles destinadas a objetivos especiales y ayuda a comparar sus cualidades con la permanencia y formalidad de la burocracia.

2.3 Burocracia:

La burocracia tiene dos caras, una fea y otra atractiva veremos las dos para entenderla como un tipo de sistemas administrativo. Una definición del diccionario nos muestra la cara atractiva (o por lo menos un aspecto irreprochable) y luego, en la última palabra nos descubre la cara negativa la burocracia es "la administración a través de departamentos y subdivisiones dirigidos por grupos de funcionarios nombrados que siguen una rutina inflexible"(Websters new World Diccionary, 1972).

La burocracia es una organización o estructura organizativa caracterizada por procedimientos explícitos y regularizados, división de responsabilidades y especialización del trabajo, jerarquía y relaciones impersonales. En principio el término puede referirse a cualquier tipo de organización, por ejemplo: empresas privadas, públicas, sociales, con o sin fines de lucro, etc.

Una burocracia, hipotéticamente y en forma ideal, constaría de varias capas de dirección o acción, organizadas jerárquicamente, al nivel adecuado o apropiado de las cuales se dirigirían la toma de cualquier decisión. Una segunda característica de las burocracias, particularmente de las de gobierno, es la contratación y locación o remoción de personal (funcionarios) de acuerdo a criterios explícitos y relevante al desempeño de funciones (es decir, no está relacionada con asuntos personales).

Entre los ejemplos de las burocracias cotidianas se pueden contar las de hospitales, tribunales, iglesias, escuelas, ejército y las empresas, tanto públicas como privadas.

En otro de los conceptos nos dice que burocracia es la administración a través de departamentos y subdivisiones dirigidos por grupos de funcionarios nombrados que siguen una rutina inflexible.

El aspecto negativo de la burocracia o sea la rutina flexible, nos hace pensar en trámites engorrosos, el ir y venir, verdaderas montañas de papeleo, funcionarios y oficinistas poco serviciales y problemas que se combinan para producir mas frustración que servicio a los clientes.

La inflexibilidad burocrática hace que las organizaciones sean insensibles a las necesidades de los clientes, tiende a volverse rígida a ser incapaz de adaptarse a los cambios del ambiente, impide la colaboración espontanea de los empleados a resolver un problema.

Las organizaciones desde el punto de vista estructuralista se preocupan por su racionalidad, es decir por la relación entre los medios, los recursos utilizados y los objetivos que debían ser alcanzados por las organizaciones burocráticas.

Victor Thompson nos habla sobre el comportamiento de personal y dice que varios patrones exageran algunas características de la burocracia, distorsionándolas llegando a la patología. A menudo se encuentra una excesiva indiferencia. Una adhesión ritualistica a las rutinas y procedimientos, una resistencia en los derechos de autoridad y de estatus, hay una molesta insistencia en los derechos de la autoridad y del estatus. Los que ocupan puestos burocráticos reducen algunas veces sus sentimientos de inseguridad y ansiedad ocasionados por la necesidad de conformarse a las normas y exigencias de la organización y cumplir con ellas.

2.4 Aspecto Positivo:

Quizá sea preciso hacer un esfuerzo especial para prescindir de las deficiencias anteriores y también de nuestras experiencias frutantes con la burocracia, si queremos reconocer que está formada de organización verdaderamente posee un aspecto positivos en realidad lo tiene y conviene intentar verlo. Para ello basta recordar lo que se pretendía sustituir con la burocracia.

La burocracia apareció con una reacción en contra de la preponderancia persona, el nepotismo, la crueldad y los juicios subjetivos y caprichosos que dominaban en las prácticas administrativas en los primeros años de la revolución industrial. La burocracia nació de la necesidad de orden y precisión por parte de la empresa y de las exigencias de un trato imparcial por parte de los trabajadores.

(Warren G. Sennis).

2.5 Ideal Burocrático:

La burocracia es una clase impersonal del sistema administrativo. Trata de asegurarse de que a las personas se les promueva con base a su competencia de que los empleados tengan sus aéreas definidas de responsabilidades de que haya una cadena de mando. Una red de reglas que prescriba como deberían llevarse a cabo las actividades. Las reglas justas aplicadas de modo imparcial, las condiciones de trabajo descritas con claridad y aplicadas razonablemente para juzgar el desempeño, contribuyen a prevenir la corrupción humana en muchas formas.

2.6 Concepto de Andhocracia, aplicaciones antiguas y nuevas:

Es la ausencia de jerarquía, y por tanto opuesto a burocracia. Es una palabra híbrida entre ad-hoc y el sufijo cracia. El término se utilizo con los indios norteamericanos los cuales llevaron a cabo varias tareas como lo son la caza, luchar y construir. Pero el gran problema de estas organizaciones es que todos los miembros tienen autoridad para tomar decisiones y llevar a cabo acciones que afectan al futuro de la organización.

El enfoque adhocratico ofrece una respuesta diferente a la pregunta sirve que grado de organización y reglamentación es conveniente. En vez de favorecer la organización y la administración mecanicista propias de la burocracia, la adhocracia pugna por una administración menos detallada y formal. Aunque no defiende la anarquía, refleja la opinión de que la burocracia ha llegado demasiado lejos.

Una forma extrema de adhocracia , según se sabe, La aplicaban algunas tribus de indios norteamericanos sin servirse de una jerarquía permanente, los indios fox crearon varias organizaciones "ad- hoc" para llevar a cabo determinadas tareas, entre ellas, las de cazar, luchar y construir. En tales ocasiones, simplemente iniciaban los trabajos que podían realizar, sin que mediaran arreglos explícitos o una dirección centralizada del jefe supremo de la organización .Y las tareas se cumplían. Pero la ausencia de una jerarquía Individual y permanente de posiciones eran incomprensibles para los europeos que observaron esta tribu.

El sistema de la tribu fox y la incapacidad de los europeos para entenderlo se deben a que cada grupo tenían conceptos distintos de autoridad. Para los europeos, los europeos, la autoridad (o sea, el derecho de actuar o decidir) proviene de algún jefe máximo de la jerarquía .Para la tribu fox, la autoridad se origina de la competencia y el compromiso personal de cumplir con su papel; pasaba de una persona a otra según las tareas que combinaban para trabajar. Un individuo podía asumir el liderazgo en la batalla y luego adoptar un papel subordinarío en la construcción. Cuando una corporación moderna ensaya en una unidad un cambio sustancial de la burocracia a la autoridad descentralizada propia de la adhocracia, el hecho es lo suficiente insólito, para darlo a conocer. La General Electric, La General Motors, Texas

Instruments, Polaroid y otras compañías están ensayando en la actualidad la adhocracia.

Alvin Toffler apuntó en su libro "El shock del futuro" nos dice que las adhocracias se volverán más comunes y probablemente reemplacen la burocracia en el futuro próximo. También escribió que lo más frecuente será que lleguen como estructuras temporales, formadas para resolver un problema dado y disueltas tras ello. Un ejemplo son los grupos de trabajo interdepartamentales.

La palabra fue acuñada en 1964 por Bennis y Slater, y Henry Mintzberg incorporó este concepto en su tipología de las configuraciones organizacionales. Para él las organizaciones adhocráticas coordinan tareas a través de la adaptación mutua de sus integrantes y están dominadas por la presión hacia la colaboración. Son organizaciones orientadas hacia la innovación y el cambio. Deben permanecer flexibles ya que éstas cambian su forma interna con frecuencia.

2.7 Ideal Adhocratico:

Los equipos de trabajo se forman y se disuelven según se necesite. La organización ideal la construirán equipos ad hoc, no oficinas permanentes ni departamentos funcionales. La característica central de nuevo patrón serán grupos que cooperan para resolver problemas y realizar el trabajo. La autoridad tendrá que estar descentralizada entre los que están más cerca de determinadas tareas y no estar fijas en funcionarios alejados del personal en una cadena burocrática de mando. El tipo de liderazgo que se da en las organizaciones adhocráticas es el situacional.

2.8 Diseño y Tecnología de las organizaciones:

Para que una organización funcione correctamente es importante que haya un mecanismo que ayude a realizar las tareas de trabajo. Por pequeña que sea una organización esta debe comenzar por definir sus objetivos, ya que sus recursos pueden ser limitados y deben utilizarse eficazmente si es que se requiere que la empresa sobreviva y prospere. Esto requiere una formulación de objetivos y una asignación de responsabilidad. La asignación de responsabilidad esencial, incluso si la organización se compone de un solo hombre. Porque él debe de distribuir su tiempo tan eficazmente como sea posible.

El diseño de un nuevo sistema de organización quizá sea el paso más importante en el proceso de reorganización de una empresa, la construcción. La construcción de la organización ideal debe considerar lo mejor que se haya escrito sobre la materia y que sea adaptable a las necesidades de la empresa. El empleo del término "ideal" no ésta referido en el sentido de construir una organización por ciento eficiente, "perfecta, sino más bien al contraste con la organización actual.

Lo fundamental para el diseño de organizaciones es el conocimiento actual de la empresa. Sin la comprensión general y específica de la situación actual y una buena comprensión de los requerimientos del sistema futuro, la posibilidad de que el sistema propuesto sea bueno se reduce en forma considerable.

Como se menciono antes toda organización tiene un fin especifico, en la mayoría de ellas lo esencial es llegar a la meta fijada en cuanto a producción a realizar, pero gracias a la tecnología ha sido mucho más fácil poder llevar a cabo las tareas y así sacar la producción que se pide en el tiempo fijado.

Hay tres tipos de tecnología que se pueden utilizar en una organización: unidad, masa y proceso.

La de unidad o artesanal es el sistema en que los productos se elaboran uno a la vez, e incluso se modifican al fabricarse por los trabajadores que usan varias herramientas. Pero este proceso presenta una estandarización mínima a esta muy poco automatizado.

La producción automática o producción mecanizada es el sistema en donde los trabajadores de línea de montaje o los operadores de maquinaria realizan una o más operaciones en el producto.

Por último la producción automatizada o de proceso, es en donde el trabajador vigila un proceso automático, un ejemplo es una refinería de petróleo o una planta de químicos.

Muchos estudiosos se han enfocado específicamente a las relaciones entre la tecnología y la estructura de la organización. Joan Woodward y sus colegas realizaron una investigación muy amplia en 100 empresas industriales de Inglaterra. La investigadora dividió en tres grupos las compañías, con base en diferencias de tecnología.

Esto dio como resultado que el número de niveles verticales de administración en los departamentos de producción directa aumentaba con tamaño relativo de su grupo de administración.

La tecnología se clasifica en tres componentes las cuales son:

Tecnología operativa: Es la técnica utilizada en las actividades de flujo de trabajo. Pero afecta solamente aquellas variables estructurales vinculadas directamente con el flujo de trabajo.

La tecnología de materiales: Se refiere a la naturaleza de los materiales utilizados en el proceso de transformación.

La Tecnología de Conocimiento: Se refiere a las características del conocimiento utilizado en la organización.

La tecnología es un factor determinante primordial de la estructura en la línea de producción.

Así es como las diferentes organizaciones escogen cual va a ser el tipo de tecnología que será utilizada pero también es importante no olvidarse de cómo será estructurada la forma de trabajo que se utilizara.

2.9 Las funciones del negocio:

Este orden de funciones del negocio difiere en cada tipo de tecnología, para la producción unitaria, la mercadotecnia bien primero. El producto se desarrolla después que se asegura su venta. En la producción masiva el orden es distinto. Primero se desarrolla el producto, por ejemplo un nuevo modelo de automóvil, luego se produce y después se comercializa.

En la producción de proceso, también se efectúa primero el desarrollo del producto. Pero una vez fabricada una cantidad piloto, ejemplo los productos farmacéuticos, se inicia la comercialización antes de fabricar grandes cantidades.

CUESTIONARIO 2

Instrucciones: Conteste las siguientes preguntas, obtenga conclusiones y expóngalas en forma oral ante el grupo.

1. ¿Cuáles son los elementos principales que integran un sistema administrativo y explique brevemente cada uno de ellos?

2. Explique en sus propias palabras la diferencia que encuentra entre burocracia y adhocracia.

3. ¿Como podría ser un sistema burocrático ideal?

4. Explique los tres tipos de tecnología de la producción y las actitudes que deben asumir los gerentes según las exigencias situacionales.

5. ¿Cómo interpretaría las exigencias de comunicación en los casos anteriores?

3.0 La estructura de la organización:

Es considerada como el soporte de las normas de trabajo y los mecanismos administrativos que permiten a las organizaciones conducir, controlar y coordinar sus actividades de trabajo. Clarificar el concepto de estructura implica identificar las unidades que componen la organización y las relaciones existentes entre ellas, particularmente las establecidas por las reglas y normas de la organización. La estructura se ha caracterizado como el esquema formal de relaciones, comunicaciones, procesos de decisión, procedimientos y sistemas dentro de un conjunto de personas, unidades, factores materiales y funciones en vistas a la consecución de objetivos mediante la diferenciación y división del trabajo y la coordinación.

Las organizaciones pequeñas a veces no quieren más especialización que la suficiente para distinguir el trabajo de un individuo y el otro. Pero conforme las organizaciones se vuelven más grandes y realizan actividades más diversas, se hace necesario dividir las tareas fundamentales en responsabilidades departamentales.

Dividir el trabajo de la organización en responsabilidades departamentales básicas puede contribuir a una buena administración en varias formas.

Ayuda a definir la responsabilidad, la autoridad al especificar qué grupo hace determinado trabajo y la cadena de mando a los niveles de la jerarquía.

Facilita la comunicación y el control al agrupar a los empleados que tienen obligaciones afines de trabajo.

Aumenta la probabilidad que se tomen decisiones en el sitio donde se encuentran la información y la competencia.

Permite dar diferente importancia a las tareas y asignarles un rango también diferente, al situarlas en diversos niveles de jerarquía.

Las anteriores aportaciones son solo posibilidades, porque en la práctica hay que encontrar el diseño organizacional adecuado.

Hay tres factores fundamentales que se deben de tomar en cuenta los gerentes para seleccionar la estructura de una organización que se establecerá en la organización.

A. Estrategia:

Es otro componente relevante de la organización y hace referencia a la explicitación de los objetivos y metas a largo plazo, la adopción de cursos de acción y el reparto de recursos necesarios para llevar a cabo esas metas. Se trata, pues, de la orientación competitiva de una organización y de las decisiones necesarias para conseguir esa ventaja competitiva. La estrategia puede verse como una fuerza de mediación entre la organización y el entorno, por lo cual su formulación requiere la interpretación del entorno así como el desarrollo de pautas coherentes en flujos de decisiones organizativas (estrategias) para hacerle frente.

La decisión estratégica implica una serie de decisiones que pretenden identificar y sacar provecho de las oportunidades básicas para la organización provenientes de la interacción con su entorno, desde una perspectiva temporal de futuro a medio plazo (¿Dónde piensa la organización que vale apostar?). ¿Hacia dónde hay que dirigir los recursos para sacar mayor ventaja competitiva de las oportunidades y minimizar o neutralizar las amenazas críticas para la organización?).

Se han desarrollado diversas tipologías sobre estrategias organizacionales, por ejemplo la que distingue cuatro tipos de estrategia: la defensora (se basa en la identificación de un nicho de mercado en el que la organización pueda defender su posición de forma competitiva mediante la eficiencia), la prospectora (se basa en la exploración de nuevos productos y oportunidades de mercado y en lograr las innovaciones necesarias para ser pioneras en ellos), la analizadora (combina las ventajas de las dos anteriores minimizando el riesgo y maximizando oportunidades para el rendimiento; esta estrategia mueve a las organizaciones hacia nuevos mercados y productos una vez que se ha constatado su viabilidad y entonces procuran ser más eficientes), finalmente la estrategia reactora se caracteriza por la ausencia de las tres anteriores.

La forma depende de la función. En la arquitectura el principio básico es el diseño de las estructuras de casas y edificios. En la administración se dice que "la estructura depende de la estrategia", pero el cumplimiento de este no garantiza que se tendrá un buen desempeño en la organización, pero si es violado debilitara su producción.

B. Tecnología

Es la organización y aplicación de conocimientos para el logro de fines prácticos. Incluye manifestaciones físicas como las máquinas y herramientas, pero también técnicas intelectuales y procesos utilizados para resolver problemas y obtener resultados deseados.

Un ejemplo es la computadora representa un aspecto de la tecnología pero los programas o software son igualmente importantes.

Por tecnología de organización se entiende el conjunto de técnicas utilizadas en la transformación de insumos en productos.

El trabajo y la tecnología de una organización son los factores importantes que han de tomarse en cuenta para elegir la estructura, ejemplo los sistemas de producción unitaria tendrían a administrarse más eficazmente con estructuras bastante planas, o sea estructuras con pocos niveles jerárquicos. Las más complejas tecnologías de la producción masiva y mecanizada eran administradas mejor con estructuras más allá.

Las estructuras planas por unidad facilitan la gran cantidad de comunicaciones diarias que se necesiten. Las estructuras más altas, reflejan la separación entre la producción de la planeación especializada y las unidades de control que contribuyen de modo decisivo al éxito de la producción masiva y mecanizada, eran administradas con estructuras más altas.

Las estructuras planas de la producción por unidad facilitan la gran cantidad de comunicaciones diarias que se necesiten. Las estructuras más altas reflejan la separación entre la producción de la planeación especializada y las unidades de control que contribuyen de modo decisivo al éxito de la producción masiva y mecanizada (de proceso). Otros estudios dices en caso de compañías dedicadas a la prestación de se4rvicios de los departamentos gubernamentales, la tecnología, era también un factor importante en la búsqueda de estructuras apropiadas por parte de la dirección.

Aunque la gerencia publicitaria no tenga se sirve de maquinaria ni de equipo masiva, su tecnología si requiere de talentos especializados y del flujo de trabajo.

C.Ambiente:

El ambiente de una organización está compuesto por aquellas instituciones o fuerzas fuera de ella que potencialmente afecta su desempeño. Éstas suelen incluir proveedores, clientes, competidores, dependencias gubernamentales reguladoras, grupos de presión públicos y otros similares.

¿Por qué el ambiente de una organización puede afectar la estructura de ésta? Por la incertidumbre ambiental. Algunas organizaciones enfrentan ambientes relativamente estáticos (pocas fuerzas cambian en su ambiente). Los ambientes estáticos crean significativamente menos incertidumbre para los gerentes que los dinámicos. Y puesto que la incertidumbre es una amenaza para la eficacia de una organización, la gerencia tratará de reducirla al mínimo. Una manera de aminorar la incertidumbre ambienta es a través de ajustes en la estructura de la organización.

La investigación reciente ha ayudado a precisar lo que significa incertidumbre ambiental. Se ha encontrado que hay tres dimensiones clave para cualquier ambiente de una organización: Capacidad, volatilidad y complejidad.

La capacidad de un ambiente se refiere al grado en que puede apoyar el crecimiento. Los ambientes ricos y crecientes generan un exceso de recursos que puede servir de amortiguador a la organización en momentos de relativa escasez. Por ejemplo, la capacidad abundante da margen para que una organización cometa errores, no así la escasez de capacidad.

El grado de inestabilidad de un ambiente se refleja en la dimensión de volatilidad. Donde hay un alto grado de cambio impredecible, el ambiente es dinámico. Esto hace difícil que

28

la gerencia pronostique con precisión las probabilidades asociadas con diversas opciones de decisión.

Finalmente, se necesita evaluar el ambiente desde el punto de vista de la complejidad, esto es, el grado de heterogeneidad y concentración entre los elementos ambientales. Los ambientes simples son homogéneos y concentrados. Esto podría describir a la industria tabacalera, puesto que hay relativamente pocas empresas. Es fácil que las empresas en la industria cuiden de cerca a la competencia. En contraste, a los ambientes caracterizados por la heterogeneidad y la dispersión se les denomina complejos. Éste es, en el fondo, el ambiente actual en el negocio de servicios de computación en el campo de la conexión a Internet. Parece que cada día hay otro "nuevo niño en la cuadra" con el que los proveedores de Internet tienen que tratar. Mientras más escaso, dinámico y complejo sea el ambiente, más orgánica debe ser la estructura. La estructura mecánica se preferiría en un ambiente de abundancia, estabilidad y sencillez.

Un buen diseño de estructura organizacional exige identificar las condiciones estratégicas, tecnológicas y ambientales y seleccionar el tipo de estructura que fortalezca el desempeño óptimo. Existen varios tipos de estructura: la funcional, por producto, territorial, orientada al cliente y matricial, pero solo trataremos la matricial y la funcional.

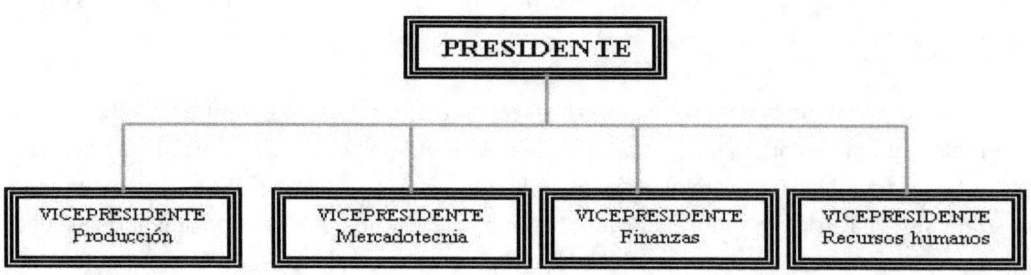

3.1 La organización funcional:

La organización por funciones reúne, en un departamento, a todos los que se dedican a una actividad o a varias relacionadas, que se llaman funciones. Por ejemplo, una organización dividida por funciones puede tener departamentos para producción, mercadotecnia y ventas. El gerente de ventas de dicha organización sería el responsable de la venta de todos los productos manufacturados por la empresa.

Es probable que la organización funcional sea la forma más lógica y básica de departamentalización, como en la siguiente figura:

La usan primordialmente las pequeñas empresas que ofrecen una línea limitada de productos, porque aprovecha con eficiencia los recursos especializados. Otra ventaja importante de la estructura por funciones es que facilita mucho la supervisión, pues cada gerente sólo debe ser experto en una gama limitada de habilidades. Además, la estructura funcional facilita el movimiento de las habilidades especializadas, para poder usarlas en los puntos donde más se necesitan.

Conforme crece la organización, sea expandiéndose en términos geográficos o ampliando su línea de productos, empiezan a surgir algunas de las desventajas de la estructura por funciones. Como los gerentes de funciones dependen de la oficina central, resulta difícil tomar decisiones rápidas.

Ventajas

Concentran la competencia del personal en formas particularmente eficaces. La organización funcional parece dar mejore3s resultados en una situación donde se de la ejecución estable de una tarea o trabajo rutinario. Arturo H. Walker nos dice que las compañías con estructura funcional no fabrican productos de alta calidad. Pero funcionara bien solo mientras el ambiente permanezca más o menos estable. Si empieza a cambiar rápidamente, este tipo de estructura acarreara graves problemas.

Desventajas

Las estructuras funcionales tienden a mermar la cooperación interdepartamental. Crean fronteras entre los departamento, cuando uno de ellos trabaja requiere urgentemente de la colaboración de los departamentos, pero las fronteras pueden llegar a ser una especia de muro. Esto es por la que la dirección establece normas de productividad y presupuestos para cada departamento y a que, en una estructura funcional, esos ejecutivos suelen juzgar cada departamento por eficacia con que se cumplen las normas y los presupuestos. Los directivos saben esto y se concentran en cumplir con ello, en vez de responder a las peticiones de algún miembro de otro departamento, cuya autoridad sobre ellos no está bien definida.

Cuando la estrategia, la tecnología y el ambiente exigen una mayor cooperación interdepartamental, la estructura funcional puede presentar más obstáculos.

3.2 Organización Matricial:

La estructura matricial, en ocasiones llamada "sistema de mando múltiple", es un producto híbrido que trata de combinar los beneficios de los dos tipos de diseño, al mismo tiempo que pretende evitar sus inconvenientes. Es fácil de entender esta organización ya que combina los aspectos positivos de las estructuras funcionales, por producto y otras, y el eludir sus fallas. Los gerentes idearon el diseño matricial en respuesta a tres condiciones:

1. Sienten la urgente necesidad de responder a dos presiones ambientales diferentes: lograr la excelencia técnica de los productos y satisfacer las necesidades específicas de los clientes, sobre los costos.

2. Las necesidades de comunicación entre los individuos y los grupos rebasan la capacidad de la estructura actual. La incertidumbre ambienta, la complejidad del trabajo y la interdependencia de sus productos, territorios personas y departamentos aumentan mucho a media que la empresa diversifica sus productos, territorios y mercados.

3. Las presiones del desempeño y de costo exigen una mayor participación y una utilización más flexible de los recursos humanos, financieros y físicos. Esto significa que hasta las compañías más prosperas pueden adquirir solo cierta cantidad de talento y de equipo y también ellas se ven en la necesidad de utilizar con una eficiencia razonable esos recursos humanos y físicos. El diseño y la estructura matricial se basa en una cooperación menos rígida de las fronteras interdepartamentales. Se supone que los empleados pasan de una tarea a otra y pueden tener varias obligaciones a la vez ante los gerentes de diversos proyectos.

Este tipo de organización también puede presentar ciertos problemas o desventajas:

A) Tendencia a la anarquía: Existe confusión ante los niveles jerárquicos de cada empleo y una sensación resultante de que nada está bajo las órdenes de alguien.
B) Excesivas luchas por el poder: Los gerentes funcionales y de producto tratan de adquirir predominio.
C) Demasiada participación en grupo: Muchas reuniones y un exceso de toma de decisiones en grupo, a lo grado que los participantes deben tratar detalles que no les importan o desconocen, y por tanto, su aportación es inútil

3.3 Organización por Producto:

Con frecuencia llamada organización por división, reúne en una unidad de trabajo a todos los que participan en la producción y comercialización de un producto o un grupo relacionado de productos a todos los que están en cierta zona geográfica o todos los que tratan con cierto tipo de cliente.

La mayor parte de las empresas grandes, con productos múltiples, como General Motors, tienen una estructura de organización por producto o mercado. En algún punto de la existencia de una organización el puro tamaño y la diversidad de productos hacen que los departamentos por funciones no sean viables. Cuando la departamentalización de una empresa se torna demasiado compleja para coordinar la estructura funcional, la alta dirección, por regla general, creará divisiones semiautónomas. En cada división, los gerentes y los empleados diseñan, producen y comercializan sus propios productos.

La organización por producto o mercado puede seguir uno de tres patrones. El más evidente es la división por producto, que aparece en la siguiente figura. La estructura organizacional de HP, a lo largo de los años ochenta y principios de los noventa, fue de este tipo.

Organigrama por producto/mercado de una empresa manufacturera: División por productos

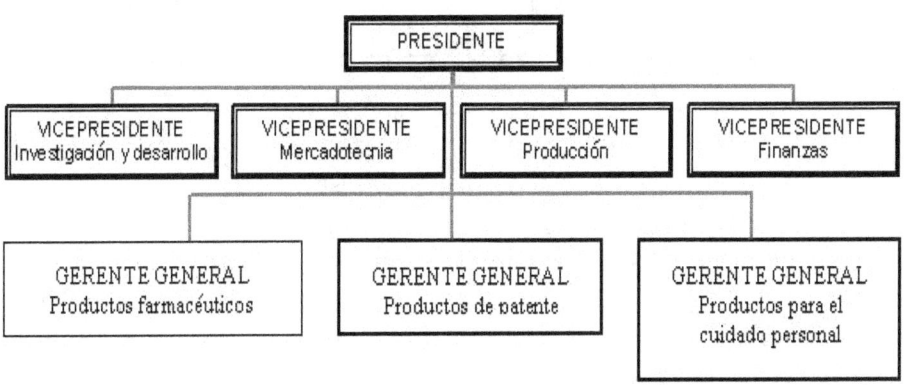

La división geográfica es usada por empresas de servicios financieras y otras no fabriles, así como por compañías mineras y productoras de petróleo, como en la sig. figura:

Organigrama de **producto / mercado** de una empresa manufacturera: División geográfica

La organización geográfica resulta lógica cuando la planta se debe ubicar lo más cerca posible de las fuentes de materias primas, mercados principales o personal especializado.

En el caso de la división por clientes, la organización se divide de acuerdo con los diferentes usos que los clientes dan a los productos como en la siguiente figura. En el caso de Hewlett Packard, algunos proponen que éste podría ser el enfoque del producto/mercado del futuro en los mercados de las telecomunicaciones digitales.

Organigrama funcional de una empresa manufacturera: divisiòn por clientes

La organización por divisiones ofrece varias ventajas. Dado que todas las actividades, habilidades y experiencia requeridas para producir y comercializar productos específicos se agrupan en un lugar, bajo un solo mando, la tarea entera se puede coordinar con mayor facilidad, así como mantener un elevado desempeño en el trabajo. Además, tanto la calidad como la velocidad de la toma de decisiones se ven reforzadas, por que las decisiones tomadas a nivel de división están más cerca del campo de acción. Al mismo tiempo, el peso que cargaría la administración central es menor, porque los gerentes de las divisiones tienen mayor oportunidad para actuar.

4.0 Administración y competitividad en el orden mundial:

El siglo XX se caracterizó por un gran desarrollo tecnológico e industrial, y consecuentemente, por la consolidaciones de la administración. A principios de este siglo surge la administración científica, siendo Frederick Winslow Taylor su iniciador; de ahí en adelante, multitud de autores se dedican al estudio de su disciplina. En la administración de fines de siglo, el centro de atención es, lograr los mayores niveles de competitividad, realizar planificación estratégica, y empezar a valerse de herramientas de avanzada. El proceso de globalización conlleva una mayor exigencia de la competencia, la misma que implica una reducción de los costos para obtener precios competitivos pero sin descuidar la calidad de los bienes o servicios que se comercializan.

En la medida que avanza el siglo XXI, varias tendencias económicas y demográficas están causando un gran impacto en la cultura organizacional. Estas nuevas tendencias y los cambios dinámicos hacen que las organizaciones y sus directivos se debatan en la urgente necesidad de orientarse hacia los nuevos rumbos hechos que tiene una relevancia no solo local sino a nivel mundial. Los países y las regiones colapsan cuando los esquemas de referencia se tornan obsoletos y pierden validez ante las nuevas realidades. Desde la perspectiva más general, la globalización, la apertura económica, la competitividad son fenómenos nuevos a los que se tienen que enfrentar las organizaciones. En la medida que la competitividad sea un elemento fundamental en el éxito de toda organización, los gerentes o líderes harán más esfuerzos para alcanzar altos niveles de productividad y eficiencia. Los nuevos esquemas gerenciales son reflejo de la forma como la organización piensa y opera, exigiendo entre otros aspectos: un trabajador con el conocimiento para desarrollar y alcanzar los objetivos del negocio; un proceso flexible ante los cambios introducidos por la organización; una estructura plana, ágil, reducida a la mínima expresión que crea un ambiente de trabajo que satisfaga a quienes participen en la ejecución de los objetivos organizacionales; un sistema de recompensa basado en la efectividad del proceso donde se comparte el éxito y el riesgo; y un equipo de trabajo participativo en las acciones de la organización.

4.1 Integración del personal en la organizacional multinacional:

Los directivos deben considerar a los empleados como el recurso más valioso de la organización e invertir en ellos, proporcionándoles continuamente oportunidades para mejorar sus habilidades. Esto se conoce como desarrollo de personal e incluye aquellas actividades designadas a capacitar y motivar al empleado para ampliar sus responsabilidades dentro de la organización.

Desarrollar las capacidades del trabajador, proporciona beneficios para los empleados y para la organización, ayuda a los trabajadores aumentando sus habilidades y cualidades y beneficia a la organización incrementando las habilidades del personal de una manera costo-efectiva. La capacitación hará que el trabajador sea más competente y hábil. Generalmente, es más costoso contratar y capacitar nuevo personal, aún cuando éste tenga los requisitos para la nueva posición, que desarrollar las habilidades del personal existente. Además, al utilizar y desarrollar las habilidades del trabajador, la organización entera se vuelve más fuerte, productiva y rentable.

Como fácilmente puede apreciarse, el esfuerzo humano resulta vital para el funcionamiento de cualquier organización; si el elemento humano esta dispuesto a proporcionar su esfuerzo, la organización marchará; en caso contrario, se detendrá. De aquí a que toda organización debe prestar primordial atención a su personal.

La integración del personal se ha dejado al último no por ser lo menos importante, sino porque, siendo objeto de este ensayo, requieren de una explicación más amplia. La integración de personal es muy importante, ya que se puede mejorar y perfeccionar el empleo y diseño de los recursos materiales y técnicos, lo cual no sucede a la inversa.

Funciones Administrativas	Empresa Nacional País Industrializado	Empresa Internacional
Planeación: Analizar el medio para Encontrar riesgos y Oportunidades.	Mercado Nacional	Mercado Mundial
Organización:		
1.-Estructura Organizacional	Estructuras de operación Nacionales	Estructura global
2.-Punto de vista de la Autoridad.	Similar	Diferente.
Integración de personal:		
1.-Fuentes de talento gerencial	fuente de mano de obra mal	fuente de mano de obra mundial
2.-Orientación del gerente	frecuentemente teocéntrica	Geocéntrica
Dirección.		
1.-Liderazgo y motivación.	Influidos por una cultura Similar	Influidos por muchas Culturas.
2.-Líneas de comunicación.	Relativamente cortas	.Red con largas distancias.
Control.		
Sistema De Responsabilidad.	Requerimientos Similares.	Muchos Requerimientos Diferentes

4.2 Integración de personal en la organización multinacional:

La integración de personal es el proceso por el cual las organizaciones resuelven las necesidades de recursos humanos, entre ellas el pronóstico de necesidades futuras, el reclutamiento y selección de candidatos y la inducción de los empleados de nuevo ingreso. Este proceso supone más que la simple contratación de personal, incluye también la colaboración para que los empleados de nuevo ingreso de adapten, fácilmente a la organización moverse ágilmente en ella (rotación de puestos) y salir de la empresa.

Pero las decisiones principales que serán tomadas dentro de una empresa están a cargo del gerente, por lo tanto deberán de ser cubiertos por personas suficientemente capacitadas para ocupar el puesto.

¿De dónde se obtendrá el talento gerencial?

Los gerentes de las empresas internacionales o multinacionales pueden clasificarse de tres maneras:

1.   Pueden ser personal seleccionado de un país son elegidas para representar y administrar a la empresa en el exterior. Por su experiencia, generalmente están familiarizadas con las políticas y operaciones de la compañía matriz.

2.   Una empresa podría seleccionar a los gerentes que son nativos del país anfitrión. Esos gerentes están familiarizados con el medio local., su sistema educativo, su cultura, sus procesos políticos y legales y su medio económico. Generalmente conocen a clientes, proveedores y funcionarios de gobierno locales, así como las características de la conducta de los empleados y el público en general.

3.   La otra forma para elegir el personal gerencial seria contratar ciudadanos de un tercer país. Gerentes que tienen una nacionalidad diferente a la del país anfitrión y a la del país donde proviene la empresa. Podrían haber adquirido experiencia trabajando en la matriz o en diferentes países. Por lo tanto es posible que hayan adquirido la flexibilidad conductual que facilita su adaptación a diferentes culturas. Estos gerentes serian verdaderamente transculturales.

4.3 La dirección en las empresas multinacionales:

La dirección incluye motivar y comunicar. Requiere el ejercicio del liderazgo induciendo a los empleados a contribuir a los objetos de la empresa.

Motivar y dirigir exige una entendimiento de los empleados y su medio cultural. Por ejemplo una administración participativa podría funcionar bien en un país, pero causar confusión entre los empleados en otra nación en que haya tradición de control autocratico.

La comunicación con frecuencia en una problema en las firmas multinacionales con afiliadas y subsidiarias en naciones donde se hablan distintos idiomas, incluso una empresa con operaciones en un país donde el ingles sea el idioma principal podría enfrentar problemas de comunicación debido a la distancia entre la matriz y la subsidiaria.Sin embargo, las nuevas tecnologías de la comunicación han mejorado sustancialmente transmisión de información.

4.3 El liderazgo femenino:

El Liderazgo Femenino no es otra cosa que la utilización de las características propias de las mujeres para ejercer el liderazgo al interior de las organizaciones. Esto es posible gracias a las características propias que nadie en nuestro tiempo puede negarles, radica en el empleo de las habilidades, de las capacidades, de los valores y de los saberes inherentes a las mujeres dentro de una organización empresarial. No se trata de imponer que sea únicamente la mujer quién lo ejerza, pero tampoco el otro extremo: excluirla. Puede ser líder y no sólo hay una, más bien hay bastantes, y el tenerlas como lideres es una ventaja.

La mujer compite por la dirección de las empresas, en los últimos años las mujeres han asumido las dos terceras partes de los millones de nuevos cargos creados en la información.

Las mujeres hoy están en las empresas se hayan al borde de un cambio revolucionario. Son mayores, saben más, son más numerosas y están bien representadas en las industrias de vanguardia como la computadoras, finanzas, publicidad, comunicación de maneta que la opinión pública reconoce que las mujeres funcionen igualmente bien que los hombres en el liderazgo de empresas.

4.4 Tecnología y competencia:

El cambio tecnológico es una de las principales gulas para la competencia que se inicia con el presente. La tecnología juega un papel muy importante en el cambio estructural de los sectores industriales, así como la creación de nuevas industrias. Es también un gran ecualizador que va destruyendo lentamente la ventaja competitiva aun de empresas bien afianzadas y en cambio, empuja a otras hacia adelante. Gran parte de las grandes empresas de hoy tienen su origen en los campos tecnológicos que fueron capaces de explotar. De todo lo que puede hacer que cambien las reglas de la competencia, el cambio tecnológico es uno de los más importantes. Sin embargo a pesar de su importancia, la relación existente entre el cambio tecnológico y la competencia, normalmente es mal entendida. El cambio tecnológico de una organización tiende a ser considerado valioso por sí mismo, cualquier modificación tecnológica que cualquier empresa pueda lograr primero que nadie se considera como buena.

La competencia en sectores industriales de alta tecnología, a veces es vista como un camino de lucro, mientras que en otros sectores industriales de baja tecnología se ven con desprecio. Desde luego que todo el cambio tecnológico es estratégicamente benéfico, en ocasiones puede empeorar la posición competitiva y la estructura del sector industrial. La alta tecnología no garantiza utilidades, pues muchos sectores industriales de alta tecnología son mucho menos lucrativos que sectores industriales de baja tecnología.

La importancia de una tecnología para la competencia no esta en función de su merito científico o su prominencia en el producto físico. Cualquiera de las tecnologías implicadas en una empresa pueden tener un impacto importante en la competencia- una tecnología es importante para la competencia si afecta de manera significativa la ventaja competitiva de la empresa o la estructura del sector industrial.

4.5 El individuo y la globalización:

La globalización de la administración es una realidad de la vida diaria. Todos los días, los periódicos están llenos de noticias que nos recuerdan que las organizaciones han adoptado un enfoque global. Los noticieros hablan, con frecuencia de asuntos como las balanzas comerciales internacionales y las fluctuaciones de las monedas. No es raro leer acerca de empresas japonesas que están avanzando en los mercados de Estados Unidos ni de empresas estadounidenses que están progresando en los mercados de Japón. Se nos informa de administradores de los países que estaban tras la "cortina de hierro" que ahora se preparan en Europa Occidental o Estados Unidos y de empresas estadounidenses y británicas que se unen para ofrecer nuevos servicios de telecomunicaciones y viajes en avión. Hoy, ningún gerente se puede dar el lujo de suponer que su organización está aislada de todas estas actividades mundiales. Los clientes de los chips de Sumitomo, como Hewlett – Packard, son testigos de esta afirmación.

Hoy, no es nada raro encontrar una organización global, con oficina matriz en Estados Unidos, que cuente con operaciones fabriles en, por decir algo, Estados Unidos, Alemania y Singapur; que venda sus productos en docenas de países llamados "Cuatro Tigres" Hong Kong, Singapur, Corea del Sur y

Las grandes organizaciones no son las únicas que han optado por la vía global, también es cada vez mayor la cantidad de pequeñas empresas que lo hacen. La Globalización es el Reconocimiento por parte de las organizaciones, de que las organizaciones deben tener un enfoque global y no un enfoque local. también puede esta ser definida de muchas maneras, dependiendo de que nivel se desee analizar, se puede hablar de la globalización del mundo entero, de un país, industrias especificas, empresas, hasta de un modelo económico y político.

A escala mundial, la globalización se refiere a la creciente interdependencia entre los países, tal como se refleja en los flujos internacionales de bienes, servicios, capitales y conocimientos.

A escala nacional, se refiere a la magnitud de las relaciones entre la economía de una nación y el resto del país.

Es un proceso de crecimiento internacional o mundial del capital financiero, industrial, comercial, recursos, humano, político y de cualquier tipo de actividad intercambiable entre países.

El empresario del siglo XXI, por un lado, ha de saberse manejar entre la expansión globalizadora de los mercados y la contracción especialista de sus servicios o productos; pero también, por otro lado, ha de lograr una síntesis entre las vertientes humanas y tecnocrática de la empresa; además, el empresario que no consiga la subordinación de la competencia a la colaboración, no alcanzará mantener a flote a su organización, cuya cohesión se observa cada vez mas atacada.

La globalización tiene un impacto determinante en la sociedad, en su cultura, en su modo de vida, su forma de hacer negocios, a tal grado que la misma ha tenido apoyo y rechazo de gran parte de la humanidad. Quienes la aceptan ven oportunidades de negocio, de expansión, dominio, crecimiento y riqueza. Quienes la rechazan ven pérdida de valores, de cultura, de identidad nacional, y la amenaza de competir en desventaja con las grandes potencias. Una posición auténticamente crítica ante la globalización presupone ante todo una determinada postura ética. Pues la globalización económica no es ni mala ni buena.

Las naciones, la sociedad, las organizaciones, y los individuos deben estar preparados para los cambios mundiales que están sucediendo; el proceso de adaptación no es fácil y menos la aceptación de una nueva cultura que en la mayoría de los casos es vista como capitalista, impuesta y que viene a sustituir los valores y cultura actuales.

Preparar a cualquier empresa para competir en el siglo XXI no será fácil. El camino rara vez lo es. Pero al hacer cambios ahora, al colocar a la organización de modo que pueda operar como una sola entidad integrada en todo el mundo, al hacerla más esbelta, rápida, enfocada al cliente, impulsada por productos, innovadora y productiva; creemos que estaremos preparados no sólo para sobrevivir en la sacudida global, sino para prosperar y crecer en el siglo XXI. (Trotman, 1999).

Ya no es posible detener la globalización; sus impactos y consecuencias más importantes están por venir. Nos veremos afectados en aspectos vitales como son la economía, la actividad colectiva, la tecnología, la cultura, y la ecología. En otras palabras estamos viviendo hoy y para el futuro una nueva realidad mundial llamada globalización; la manera de enfrentarla con éxito es formando una cultura de adaptación a la realidad global basada en la ética y los valores individuales, sociales y organizacionales.

4.6 La economía global:

Podríamos definir la economía global como "un sistema económico en el que las fronteras estatales no son el marco básico de actividad". La globalización de la economía es visible en tres aspectos:

- La práctica del registro legal de las empresas en países que no son el de origen.

- La existencia de multinacionales.

- La mundialización del comercio, la producción y las finanzas.

Por que las empresas ya no tienen tantas barreras a la hora de comprar productos extranjeros, ni a la hora de vender, en resumen, a economía se ha globalizado.

En una economía global ningún parís, sea capitalista o comunista, puede sostener una economía cerrada y autosuficiente, la eficacia relativa de las economías capitalistas las ha capacitado mejor para acomodarse o reagruparse en una economía mundial. Cualquier país que pretenda permanecer cerrado y fuera del juego mundial se quedara irremediablemente atrás.

4.7 La competitividad de la empresa en el mercado mundial:

Son las empresas y no las naciones quienes compiten en los mercados mundiales. Es importante conocer de qué forma las empresas crean y mantienen la ventaja competitiva con objeto de explicarnos qué papel desempeña la nación en este proceso.

En la moderna competencia internacional, las empresas no necesitan quedarse encerradas en su país de origen. Pueden competir con estrategias mundiales en las que las actividades tienen lugar en muchos países.

La estrategia competitiva tiene como propósito definir qué acciones se deben emprender para obtener mejores resultados en cada uno de los negocios en los que interviene la empresa. No hay una estrategia competitiva universal y solo podrán alcanzar el éxito las estrategias adaptadas al sector en particular y a las técnicas y activos de una empresa en particular. Dos criterios principales sirven de base para la elección de una estrategia competitiva. El primero es la estructura del sector en el que compite la empresa. Los sectores difieren notablemente en la naturaleza de la competencia y no todos los sectores ofrecen las mismas oportunidades para conseguir una rentabilidad sostenida.

El segundo criterio principal es la posición de la empresa dentro del sector. Algunas posiciones son más rentables que otras, con independencia de lo que pueda ser rentabilidad media del sector.

Pero no solo un criterio basta para la elección de una estrategia a seguir por la empresa. Una empresa perteneciente a un sector altamente activo puede que no consiga una rentabilidad satisfactoria si la posición que ha elegido dentro del sector es deficiente. Ahora bien, tanto la estructura del sector como la posición competitiva son dinámicas. Los sectores pueden evolucionar hacia un mayor o menor atractivo. La posición competitiva es el reflejo de una lucha entre los competidores.

Por otra parte tanto el atractivo de un sector como la posición competitiva puede conformarlos un empresa. Aquellas que obtienen más éxito no solo reaccionan a los estímulos que reciben de su entorno, si no que tratan de influir en él a favor de ellas. Por lo tanto, son los cambios en la estructura del sector, o la aparición de nuevas bases para la ventaja competitiva.

La ventaja competitiva debe ser fruto de una perfecta compresión de la estructura del sector y de cómo esta cambiando. En cualquier sector tanto si es nacional como internacional, la naturaleza de la competencia se compone de cinco fuerzas competitivas.

- La amenaza de nuevas incorporaciones.
- La amenaza de nuevos productos.
- El poder de negociación de los proveedores.
- El poder de negociación de los compradores.
- La rivalidad entre los competidores existentes.

5.0 Sistemas de información gerencial:

Los sistemas de información gerencial son una colección de sistemas de información que interactúan entre sí y que proporcionan información tanto para las necesidades de las operaciones como de la administración. Tienen por objeto ayudar a los directivos en la toma de decisiones y en caso de problemas. Se sirven de los datos almacenados como resultados del procesamiento de transacciones, pero también utilizan otra clase de información

Es un conjunto de información extensa y coordinada de subsistemas racionalmente integrados que transforman los datos en información en una variedad de formas para mejorar la productividad de acuerdo con los estilos y características de los administradores.

En toda organización hay muchas decisiones que muestran una recurrencia periódica (semanal, mensual, trimestral, etc.) cada vez que se realizan, se requiere de cierta información para llegar a la decisión. Puesto que el proceso de decisión está bien estudiado, es posible identificar la información que se necesitara para tomar una decisión. Y a su vez, el sistema de información puede elaborarse de modo que los informes se preparen regularmente para apoyar las decisiones recurrentes. Cada vez que haga falta información, se preparara en una forma establecida previamente y que contenga datos concretos presentando cierto formato.

Los especialistas le dan el nombre de decisiones estructuradas a las que se basan en estos sistemas. Están estructurados por que los gerentes saben que factores tener en cuenta al momento de llegar a una decisión y cuales variables determinaran en gran medida si la decisión será buena o mala.

5.1 Sistema de procesamiento de las transacciones (datos):

Los sistemas de procesamiento de transacciones son sistemas de información encargados de procesar gran cantidad de transacciones rutinarias, es decir son todas aquellas que se realizan rutinariamente en la empresa entre estas tenemos el pago de nomina, facturación, entrega de mercancía y deposito de cheques. Estas transacciones varían de acuerdo al tipo de empresa.

Los sistemas de procesamiento de transacción o TPS (transacción procesation system) por sus siglas en ingles, eliminan el trabajo tedioso de las transacciones operacionales y como resultado reducen el tiempo que se empleaba en ejecutarlas actualmente, aunque los usuarios todavía deben alimentar de datos a los TPS.

"Los sistemas de procesamiento de transacciones son sistemas que traspasan sistemas y que permiten que la organización interactué con ambientes externos. Debido a que los administradores consultan los datos generados por el TPS para información al minuto acerca de lo que está pasando en sus compañías, es esencial para las operaciones diarias que estos sistemas funcionen lentamente y sin interrupción".

• A través de estos se logran ahorros significativos de mano de obra, debido a que automatizan tareas operativas de la organización.

• Son el 1er tipo de S.I. que se implanta en las organizaciones; Se empieza apoyando las tareas a nivel operativo de la organización.

• Son intensivos en entradas y salidas de información, sus cálculos y procesos son poco sofisticados.

• Tienen la propiedad de ser recolectores de información, a través de estos se cargan las grandes bases de información para su explotación posterior.

• Son fáciles de justificar ante la dirección general ya que sus beneficios son visibles y palpables.

Ejemplos de sistemas transaccionales:

* Un sistema transaccional debe controlar las transacciones para mantener la seguridad y consistencia de los datos involucrados. Por ejemplo, un cliente transfiere dinero de una cuenta a otra cuenta dentro de un mismo banco; la cantidad de dinero que se descuenta de la cuenta emisora debe ser igual a la que se suma en la cuenta receptora. De no ser así, la acción (transacción) no se realiza.

* Un sistema transaccional debe ser capaz de enmendar cualquier error ocurrido durante una transacción, pudiendo deshacer las operaciones realizadas, manteniendo los datos tal cual estaban antes del error.

* También debe ser capaz de controlar y administrar múltiples transacciones, determinando prioridades entre éstas. Por ejemplo, un cliente está haciendo la reserva de un asiento en un vuelo, dicho asiento debe ser bloqueado temporalmente hasta que se concrete la transacción, porque otro cliente podría estar queriendo reservar el mismo asiento en el mismo momento.

5.2 Sistemas de apoyo a las decisiones:

En un sentido amplio, se define a los sistemas de apoyo a las Decisiones como un conjunto de programas y herramientas que permiten obtener oportunamente la información requerida durante el proceso de la toma de decisiones, en un ambiente de incertidumbre.

A lo anterior se agrega que, en la mayoría de los casos, lo que constituye el detonante de una decisión es el tiempo límite o máximo en el que se debe tomar. Así, en cada decisión que se toma, siempre se podrá pensar en que no se tiene toda la información requerida; sin embargo, al llegar al límite de tiempo, se deberá llegar a una decisión. Esto implica necesariamente que al verdadero objetivo de un sistema de apoyo a las decisiones sea proporcionar la mayor cantidad de información relevante en el menor tiempo posible, con el fin de decidir lo más adecuado.

Permiten realizar el análisis de las diferentes variables de negocio para apoyar el proceso de toma de decisiones de los directivos:

- Permite extraer y manipular información de una manera flexible.
- Ayuda en decisiones no estructuradas.
- Permite al usuario definir interactivamente qué información necesita y cómo combinarla.
- Suele incluir herramientas de simulación, modelización, etc.

- Puede combinar información de los sistemas transaccionales internos de la empresa con los de otra empresa externa.

Su principal característica es la capacidad de análisis multidimensional que permite profundizar en la información hasta llegar a un alto nivel de detalle, analizar datos desde diferentes perspectivas, realizar proyecciones de información para pronosticar lo que puede ocurrir en el futuro, análisis de tendencias, análisis prospectivo, etc.

Da soporte a las personas que tienen que tomar decisiones en cualquier nivel de gestión, ya sean individuos o grupos, tanto en situaciones semi estructuradas como en no estructuradas, a través de la combinación del juicio humano e información objetiva:

- Soporta varias decisiones interdependientes o secuenciales.
- Ofrece ayuda en todas las fases del proceso de toma de decisiones -inteligencia, diseño, selección, e implementación- así como también en una variedad de procesos y estilos de toma de decisiones.
- Es adaptable por el usuario en el tiempo para lidiar con condiciones cambiantes.
- Genera aprendizaje, dando como resultado nuevas demandas y refinamiento de la aplicación, que a su vez da como resultado un aprendizaje adicional.
- Generalmente utiliza modelos cuantitativos (estándar o hechos a la medida).
- Están equipados con un componente de administración del conocimiento que permite una solución eficaz y eficiente de problemas. Puede ser implantado para su uso en Web, en entornos de escritorio o en dispositivos móviles.
- Permite la ejecución fácil de los análisis de sensibilidad.

5.3 Alcance de los sistemas de información:

En una organización, no hay uno, si no varios sistemas de información gerencial. Se puede pensar en un sistema para la mercadotecnia, otro para la producción, otro para el personal y uno mas para las compras etc. Dentro de cada una de las funciones básicas de la empresa hay actividades de nivel de transacciones, toma sistemática de decisiones y la presencia de las necesidades especiales de decisión.

El sistema de información es un conjunto organizado de datos, equipo, procedimientos y personas que intervienen en la captura, almacenamiento y procesamiento de datos para generar la información que se requiere para dirigir una organización.

6.0 Comunicación y Psicología:

El concepto de proceso en psicología de comunicación es el análisis de una serie de elementos, que componen, conforman a la comunicación. Por lo tanto, debemos prestar atención a las siguientes preguntas: ¿Qué? ¿Quién? ¿Cómo? Y ¿Por qué se está comunicando? Considerando los mensajes que se producen y que es lo que la gente está tratando de comunicar.

Además de observar cuidadosamente el estilo que la gente tiene al recibir o bien al decir sus mensajes.

Debemos examinar de la misma manera a los medios masivos de comunicación para hacer llegar mensajes a cada uno de sus auditores.

En resumen, la lista que el proceso de comunicación tiene en cuenta a tres elementos base:

a. Cuando se inicia una comunicación.

b. Cuando respondemos a esta.

c. Cuando servimos como observadores o analistas de ella.

La comunicación en el campo de la psicología.

La comunicación dentro de la organización tiene como propósito;

Persuadir a los empleados para:

- Que conozcan y divulguen
- Elaborar planes para lograrlas.
- Organizar los recursos humanos de la forma mas eficaz.
- Seleccionar, dirigir, motivar y crear un clima laboral agradable a las personas.
- Controlar el desempeño.

El éxito de una organización depende de la habilidad de sus líderes para comprender a otras personas y para hacer que otros lo entiendan. Una comunicación eficiente es el resultado de una administración completamente, no la causa de ella. Es posible que pueda ser un buen comunicólogo pero un mal administrador, sin embargo, un gerente eficiente en la mayoría de los casos ser un buen comunicador.

Todo plan de acción administrativo debe estar acompañado de un plan para comunicarlo a quienes resulten afectados, confiar solo en la capacidad personal es inadecuado. Abraham Lincoln expreso que "Hay que escuchar la opinión pública, porque la opinión pública es todo. Con ella nada fracasa, Sin ella nada puede tener éxito".

Si consideramos ahora que la organización para sobrevivir, tiene que ejercer cierto impacto sobre la sociedad que es la que consume sus productos o servicios será necesario estudiar la psicología de dichos consumidores y las formas de comunicación.

De un punto muy general, la psicología del consumidor estudia la conducta del hombre como consumidor de bienes y servicios.

6.1 Psicología en la Organización:

Entre los psicólogos aun no existe un acuerdo claro sobre cual es el origen y el campo de estudios de la psicología organizacional. Se percibe como la disciplina que surge de la industria y se expande hacia otras instituciones, hasta lograr su consolidación en la década de 1970. Algunos estudios la consideran como sinónimo de psicología industrial, otros como una parte integrante de ella, finalmente, como una ampliación y una evolución de la segunda.
La comunicación en el campo de la psicología.
La comunicación dentro de la organización tiene como propósito;

Persuadir a los empleados para:

- ■ Que conozcan y divulguen
- ■ Elaborar planes para lograrlas.
- ■ Organizar los recursos humanos de la forma mas eficaz.
- ■ Seleccionar, dirigir, motivar y crear un clima laboral agradable a las personas.
- ■ Controlar el desempeño.

La Psicología Organizacional se desarrolló a partir del movimiento de la relaciones humanas en la organizaciones pone más interés en el empleado que la Psicología Industrial; la cual se ocupa de entender el comportamiento y de fortalecer el bienestar de los empleados en su lugar de trabajo. Los temas organizacionales incluyen las actitudes de los empleados, el comportamiento, el estrés laboral y las técnicas de supervisión.

Sin embargo, los principales temas del área no se pueden categorizar como estrictamente industriales u organizacionales. Por ejemplo, la motivación es importante para los asuntos de la Psicología Industrial en relación con la eficiencia y el desempeño de los empleados, pero también resulta de gran relevancia en la preocupación de la Psicología Organizacional por la felicidad y bienestar de los empleados. Si bien las dos áreas no siempre se pueden diferenciar de manera clara unidas ofrecen una visión de la extensa naturaleza de su campo de acción.

A la psicología organizacional, lejos de centrarse en los estudios de la organización como tal, se orienta a los individuos como integrantes de la misma. Es a partir de la década de 1980, y gracias al avance de la teoría orientada a la calidad total y a la reingeniería de procesos, que ha quedado claro que es preferible considerar como parte de la empresa o institución no solamente a quienes prestan sus servicios en ella, sino además, a quienes son los beneficiarios.

De sus productos o servicio (clientes, consumidores, usuarios, población, objetivo o beneficio) y a quienes actúan como sus proveedores (de recursos materiales, económicos, humanos o intelectuales).

En esta misma perspectiva, la psicología organizacional se ha enriquecido con aportaciones de la mercadotecnia y con técnicas derivadas de la búsqueda de la calidad. Un par de casos de este tipo de investigación de mercados y la creación de clubes de consumidores o usuarios que ayudan a conocer los factores que facilitan la retención de marcas y productos en la mente de los consumidores, así como su fidelidad a los mismos.

En un sentido diferente esta disciplina ha recibido otra valiosa aportación, proveniente de la investigación, acerca del desarrollo de los grupos y el manejo de los sentimientos y de la autoestima. Desde hace más de cuarenta años, W. Schutz (1955) orientó sus trabajos a la identificación de la persona que hace más productivos a los grupos, y llegó a descubrir sus implicaciones en el comportamiento de los individuos de la organización, los sentimientos y el auto concepto de los integrantes (Schutz, 1992). Su enfoque, con invaluables aportaciones al estudio del comportamiento de los individuos en las organizaciones, ha sido confirmado por el nuevo campo de la llamada inteligencia emocional, además de que cobró forma científica a principios de la década de 1990.

Sus hallazgos han arrojado una luz acerca de los factores que impactan en la formación de equipos de trabajo, la motivación de los empleados, los temores que bloquean o reorientan psicológicamente el comportamiento en las organizaciones y muchos otros temas.

Sin lugar a dudas, la importancia de la psicología organizacional consiste en que nos ha permitido comprender los fenómenos humanos al interior de la organización en sus relaciones con el resto del sistema organizacional. Por ello, los estudios de esta rama científica deben hacerse bajo el marco del enfoque de sistemas

Así con el propósito de integrar a la misma Psicología de las organizaciones en una perspectiva sistémica, sus relaciones, roles, insumos, productos, modos y beneficiarios, de evaluar su eficacia.

Las organizaciones, constituyen un sistema abierto en constante comunicación con el contexto para percibir sus variaciones y adaptarse a sus necesidades. Dentro de éstas podremos observar un sistema formal, con sus normativas de procesos, y un sistema informal determinado por la actividad e interacción habitual de la organización. La organización plantea la configuración de un grupo humano complejo que actúa dentro de un contexto deliberadamente constituido para la realización de fines y necesidades específicas. Este grupo humano interactúa entre sí en dos planos.

6.2 Comportamiento del individuo en la organización

Las personas desarrollan su actividad dentro de organizaciones en donde trabajan, estudian, se relacionan y se expresan de diferentes maneras. Por lo cual podemos pensar que las fábricas, oficinas, colegios, clínicas, hospitales y comercios en general son los lugares en donde los individuos establecen relaciones sociales. La Organización como creación humana será la fuente de identidades y servirá para expresar emociones.

El estudiar el comportamiento de las personas en el contexto en que se desarrollan permite analizarlo, interpretarlo y predecir las conductas de los individuos en las organizaciones.

Como la confluencia de estas innumerables elaboraciones se dirigen hacia el individuo, debe ser abordado en un espacio multidisciplinario.

Para acceder al objeto de estudio que es el comportamiento del individuo dentro de la organización, debemos interiorizarnos por factores confluyentes, como son, las problemáticas organizacionales, individuales, sociales, grupales, interrelaciónales, entre otras que se irán describiendo con el transitar por estas clases. No debemos olvidar que todas estas áreas están inmersas dentro de un entorno socio-político económico y cultural, el cual siempre incide en lo micro y macro social en una relación de interdependencia.

Este complejo propósito solo es posible en la medida que lo encaremos desde las producciones realizadas por diferentes disciplinas como son la psicología (desde diferentes teorías), la sociología, la antropología.

Las personas llevan a cabo los avances, los logros y los errores de sus organizaciones, por ello no es exagerado señalar que es el recurso más preciado.

La orientación hacia entender esta situación desde la dependencia recíproca que existe entre individuos, organizaciones y la sociedad en conjunto, hace que un uso eficaz de los recursos humanos logren la producción de bienes o servicios adecuados, de manera que sean aceptables y aceptados por la sociedad.

La teoría clásica no llegó a percibir que el comportamiento de los empleados está influenciado por las normas y los valores de los grupos sociales en que participan. Kurt Lewin verificó posteriormente que el individuo se resistirá al cambio para no apartarse de los parámetros del grupo, en tanto éstos permanezcan inmodificables. Debido a que el poder del grupo para provocar cambios en el comportamiento individual es muy grande, la administración no puede tratar a los trabajadores individualmente, como si fueran átomos aislados, sino como miembros de grupos de trabajo, sujetos a las influencias sociales de estos grupos. Los trabajadores no reaccionan como individuos aislados frente a la administración, a sus decisiones, normas, recompensas y castigos, sino como miembros de grupos sociales cuyas actitudes de hallan influenciadas por códigos de conducta grupal. Es la teoría del control social sobre el comportamiento. La amistad y los grupos sociales de los trabajadores poseen significado trascendental para la organización y, por lo tanto, deben ser considerados los aspectos importantes en la teoría de la administración. La teoría de las relaciones humanas contrapone el comportamiento social del trabajador al comportamiento mecánico propuesto por la teoría clásica, basado en la concepción atomística del hombre.

6.3 Teoría Clásica:

La teoría clásica pretendió desarrollar una nueva filosofía empresarial, una civilización industrial en que la tecnología y el método de trabajo constituyen las más importantes preocupaciones del administrador. A pesar de la hegemonía de la teoría clásica y del hecho de no haber sido cuestionada por ninguna otra teoría administrativa importante durante las cuatro primeras décadas de este siglo, sus principios no siempre se aceptaron de manera sosegada, específicamente entre los trabajadores y los sindicatos estadounidenses. En un país eminentemente democrático como los Estados Unidos, los trabajadores y los sindicatos vieron e interpretaron la administración científica como un medio sofisticado de explotación de los empleados a favor de los intereses patronales. La investigación de Hoxie fue uno de los primeros avisos a la autocracia del sistema de Taylor, pues comprobó que la administración se basaba en principios inadecuados para el estilo de vida estadounidense.

En consecuencia, la teoría de las relaciones humanas surgió de la necesidad de contrarrestar la fuerte tendencia a la deshumanización del trabajo, iniciada con la aplicación de métodos rigurosos, científicos y precisos, a los cuales los trabajadores debían someterse forzosamente.

6.4 Teoría de las relaciones humanas:

Es un movimiento netamente norteamericano su objetivo se basaba en democratizar y concientizar, humanizar los conceptos según ellos rígidos de la administración adecuándolos a sus patrones en conductas adoptadas por el pueblo norteamericano, malas costumbres y hábitos de trabajo.

La psicología y la sociología llamadas ciencias humanas y su influencia intelectual en cuanto a la aplicación a la organización industrial pretendían demostrar los inadecuados principios de la teoría clásica de la administración.

Elthon Mayo junto con sus colaboradores desarrolla la teoría de las relaciones humanas (también conocida como escuela humanística de la administración). " Neo Humana Relacionista ".

Presenta un nuevo enfoque de la Escuela de las Relaciones humanas con la cual mantiene relación tanto en conceptos como en valores; sin embargo, la filosofía humana conductista señala una perspectiva más amplia sobre la importancia del elemento humano dentro de todos los organismos sociales entre los representantes de esta escuela predominan los sicólogos sociales y aunque tiene antecedentes de Elton Mayo es considerado Kurt Lewin como su fundador y Douglas Mc. Gregor su principal representante Lewin dedicó principalmente su primer estudio a los pequeños grupos y destaca las ventajas en la participación entre los miembros de un grupo de trabajo; ya que su teoría e investigación las desarrolla mediante y con forma a la técnica conocida como " Dinámica de Grupos" y sus trabajos dieron impulso y origen a numerosos estudios sobre conducta organizacional.

Las cuatro principales causas del surgimiento de la teoría de las relaciones humanas son:

1. Necesidad de humanizar y democratizar la administración, liberándola de los conceptos rígidos y mecanicistas de la teoría clásica y adecuándola a los nuevos patrones de vida del pueblo estadounidense. En este sentido, la teoría de las relaciones humanas se convirtió en un movimiento típicamente estadounidense dirigido a la democratización de los conceptos administrativos.

2. El desarrollo de las llamadas ciencias humanas, en especial la psicología y la sociología, así como su creciente influencia intelectual y sus primeros intentos de aplicación a la organización industrial. Las ciencias humanas vinieron a demostrar, de manera gradual, lo inadecuado de los principios de la teoría clásica.

3. Las ideas de la filosofía pragmática de John Dewey y de la psicología dinámica de Kart Lewin, fueron esenciales para el humanismo en la administración. Elton Mayo es considerado el fundador de la escuela; Dewey, indirectamente, y Lewin, de manera más directa, contribuyeron bastante a su concepción. De igual modo, fue fundamental la sociología de Pareto, a pesar de que ninguno de los autores del movimiento inicial tuvo contacto directo con sus obras, sino apenas con su mayor divulgador en los Estados Unidos en esa época.

4. Las conclusiones del experimento de Hawthorne, llevado a cabo entre 1927 y 1932 bajo la coordinación de Elton Mayo, pusieron en jaque los principales postulados de la teoría clásica de la administración.

6.5 Desarrollo de la comunicación interna:

Gran cantidad de experiencias comprobadas en diferentes empresas demuestran que teniendo canales de comunicación efectivos (los supervisores conozcan las políticas de empleo y los empleados saben cuáles son sus derechos) habrá menos posibilidades de que se produzcan males entendidos o sentimientos por parte de los empleados de que no forman parte del equipo de la empresa.

Uno de los puntos más importantes en el ambiente laboral es la comunicación interna. Es la clave de la motivación, es lo que permite que la gente sienta que puede expresarse y que sus ideas serán escuchadas, valoradas, seguramente se sienta a gusto en su lugar de trabajo; generando una mayor fidelidad de los empleados hacia la empresa, un mayor compromiso. Esto se convierte en una estrategia para el área de Recursos Humanos.

Gran cantidad de experiencias comprobadas en diferentes empresas demuestran que teniendo canales de comunicación efectivos (los supervisores conozcan las políticas de empleo y los empleados saben cuáles son sus derechos) habrá menos posibilidades de que se produzcan males entendidos o sentimientos por parte de los empleados de que no forman parte del equipo de la empresa. Debido a que las corporaciones son cada vez más complejas es preciso crear numeroso canales de comunicación para que la información se mueva hacia arriba, hacia abajo y lateralmente dentro de la estructura organizativa de la empresa.

EL LIDERAZGO

LA PALABRA LIDER SU ORIGEN SUS CONNOTACIONES BASICAS.

Líder según el diccionario más elemental y básico dice a la letra: Impulsor o iniciador de una conducta social. Dirigente. Jefe con la aceptación voluntaria de sus seguidores. El que encabeza la clasificación de una competición deportiva. Uno de los análisis que hace el Articulista español Alexis Márquez Rodríguez en base a las definiciones del Diccionario de la Real Academia Española puntualiza las siguientes precisiones necesarias para entender los orígenes del vocablo Líder:
Si nos atenemos a la definición que el Diccionario de la Real Academia Española hace del vocablo líder, tendremos de este una idea bastante vaga e imprecisa. Dice el Diccionario de la Real Academia Española: Líder. Persona a la que un grupo sigue, reconociéndola como jefe u

orientadora. || 2. Persona o equipo que va a la cabeza de una competición deportiva. || 3. Construido en aposición, indica que lo designado va en cabeza entre los de su clase. El Diccionario de la Real Academia Española registra por separado el término lideresa: Directora, jefa o conductora de un partido político, de un grupo social o de otra colectividad. Usase mucho en América. Esta misma definición, con ligeras variantes, se repite en los demás diccionarios, que generalmente siguen en lo esencial al de la Real Academia. Y es, sustancialmente, la misma definición que por primera vez apareció en el diccionario de la Real Academia, en 1970.

En este caso, la imprecisión del diccionario es prácticamente inevitable, porque el vocablo líder, pese a lo nuevo que es en nuestro idioma, se ha ido enriqueciendo semánticamente con gran rapidez, y hoy es de significado polisémico, aunque dentro de un mismo concepto. Por otra parte, un diccionario general, como el Diccionario de la Real Academia Española, no puede ser todo lo abarcador y específico que uno quisiera.

El término líder, a partir de su denotación primigenia de conductor o dirigente, según su etimología inglesa, se usó inicialmente sólo en el ámbito de la política. El líder era el jefe de un partido, el dirigente más destacado y acatado, la cabeza del movimiento. Poco a poco su uso se fue extendiendo a otros dirigentes, incluso de diferentes jerarquías. Después pasó a aplicarse fuera de la política, en áreas tan variadas como el sindicalismo, la religión, el deporte, la economía, etc. En ese proceso evolutivo dejó de ser un vocablo de aplicación sólo personal e individual, y pasó a ser institucional. Hoy es frecuente que se use en aposición, para referirse, por ejemplo, a una empresa líder en su ramo, o a un equipo líder en determinado deporte, o a un país líder en una región, etc.

Sin embargo, la aplicación del vocablo líder sigue teniendo su principal y más frecuente aplicación en la política. El líder por antonomasia es, en efecto, el jefe o dirigente máximo de un partido o, en general, de un movimiento político. En la práctica en la figura del líder se reconocen ciertos rasgos o características, que difícilmente pueden entrar en una definición de diccionario. En ese sentido es importante evitar confusiones, que con frecuencia se dan.

Por ejemplo, el líder ha de tener una perfecta definición ideológica, no porque deba estar necesariamente afiliado a una doctrina política, sino porque su actuación debe responder a un conjunto de ideas coherentes y muy bien determinadas. Es decir, el líder tiene que saber muy bien lo que quiere, a dónde se dirige, y por qué va hacia allí, llevando con él a sus seguidores. El liderato o liderazgo, vocablos también registrados en el Diccionario de la Real Academia Española, supone unos propósitos muy bien definidos, en función de aquella coherencia ideológica. Y como complemento indispensable, debe tener absoluta claridad acerca de los medios cómo obtener los objetivos propuestos, y de la oportunidad en que debe aplicarlos. El líder debe tener una gran sindéresis

Todo liderazgo genera rivales y enemigos. Pero el verdadero líder no fomenta ni provoca enemistades, aunque sabe cómo enfrentarlas. Frente a las opiniones contrarias, el líder sabe manejar los recursos de la discusión, del debate de ideas, de la persuasión, aun cuando sepa que hay opositores que no podrán ser convencidos.

No debe confundirse el liderazgo con el carisma por ejemplo. Hay líderes que no tienen carisma, y figuras muy carismáticas que no saben ser líderes. Tampoco son lo mismo un líder y un caudillo. El caudillo es más intuitivo que racional; el líder no puede prescindir del razonamiento como medio de combate. Aunque ambos son autoritarios.

El Diccionario de la Real Academia Española registra también el verbo liderar, pero igualmente incluye como la forma liderizar, que es usual y perfectamente válida en nuestro país. En consecuencia, podemos decir yo liderizo, tú liderizas, él lideriza, etc., en lugar de yo lidero, tú lideras, él lidera

Líder es un calco del vocablo inglés leader (se pronuncia líder), que significa dirigente. En inglés se da también a la expresión leading article, que puede traducirse como editorial de un periódico, es decir, artículo que expresa la opinión del editor sobre determinado asunto.

El líder es una persona condición humana básica y universal, en una relación que involucra a todos a través de toda su existencia. Inicialmente son los padres que al ejercer bien o mal la orientación en la vida de cada hijo, los impulsan y ponen límites en cada familia, así también los maestros, lo mismo que en las empresas, como en las iglesias, en el ejército, el deporte, la política, o cualquier tipo de organización donde participen dos o más personas.

Generalmente, el término "líder" tiende a relacionarse con algo que se haga con la gente. A los seres humanos se les lidera.

Y aquí aparece en la etimología una relación de este término con una de sus prácticas negativas si le pudiéramos llamar de esa manera y es la palabra Demagogia {del griego, dmaggos, líder popular; dmos, pueblo}. De aquí podemos inferir la existencia del líder malo o negativo También puede considerarse la demagogia como un tipo perverso de oratoria, que permite atraer hacia los intereses propios las opiniones de los demás utilizando falacias o argumentos aparentemente válidos que, sin embargo, tras un análisis de las circunstancias, pueden resultar inválidos o simplistas. En la antigüedad, era considerada la forma política en que degeneraba la democracia y en la que ahora degeneran los lideres por consecuencia.

Peter F. Drucker (escritor y pensador de gerencia por más de 60 años). Se plantea lo siguiente: ¿QUIÉN ES EL LÍDER? El líder es aquel que dirige inspirando a los individuos, transfiriendo poder para tomar decisiones y para que éstos se constituyan en una diferencia clave de la organización.

En una organización, los segundos de abordo hacen y definen a los líderes. Un líder es poco, o nada, sin su equipo inmediato de trabajo. Es el equipo inmediato el que lleva a la práctica las decisiones del líder y es el canal de comunicación más directo con el resto de la empresa. Incluso pueden llegar a ser más relevantes que los mismos líderes.

Sin embargo no olvidemos también que Cuando mencionamos la palabra LÍDER, inmediatamente evocamos los sentimientos de motivación, confianza, respeto, y admiración, entre otros aspectos. Por ello, la expresión de un líder es el espejo de su propia personalidad, de su mundo interior. La palabra líder va anclada a otras palabras que lo sugieren que lo evocan que lo relacionan en su composición.

Iñaki Rekalde nos presenta una a definición amplia de liderazgo, dado que hay infinidad de intentos por una definición definitiva, la presenta, como la capacidad de influir en un grupo para alcanzar unas metas.

Y como muchos en este libro pretendemos hacer una aproximación teórica para definir el término lo más adecuado posible de lo general a lo particular y de lo particular a lo general. Y por eso puntualizamos según no lo explica Balmes La definición es la explicación de la cosa. Cuando la cosa explicada es la significación de una palabra se llama definición del nombre "definitio nominis". Conviene no confundir la definición del nombre con su etimología; por que siendo esta la última palabra, acontece muchas veces que el sentido usual es muy diferente del etimológico. La etimología ilustra para conocer el verdadero significado pero no lo determina. (Balmes El criterio, Atenas Madrid 1941 Cáp. XV, nota Pág. 227).

Entre los profesionales del management hay una pregunta que siempre ha suscitado cierto interés: "El líder, ¿nace o se hace?". Las respuestas en ningún caso son uniformes. Algunos directivos apuestan por que el líder nace; otros, que se hace; y los más, piensan que el líder es un poco de todo: nace, pero también se hace.

Mi visión personal, sin embargo, se aparta algo de las anteriores propuestas. Más que hacerse, al líder -en buena medida- le hacen. La educación es el auténtico baluarte del liderazgo. Por eso en el libro trataremos de probar esta relación el liderazgo es un proceso de educación, es decir el líder se somete a este proceso y culmina en la aplicación de su liderazgo; así mismo la educación se basa en el liderazgo puesto que el liderazgo se aprende.

Uno de los grandes problemas que se tienen en Ciencias Sociales es la falta de consenso en la definición de los términos empleados por ellas. En el proceso administrativo, liderazgo una de sus variables más ampliamente investigada, sigue aún sin ser bien entendida y sin contar con una definición aceptada por todos los científicos de la administración.

En 1966 la Fundación Smith Richardson apoyó un estudio para hacer una revisión y análisis sistemático de la literatura existente a la fecha sobre liderazgo. El encargado de dichos estudios fue: RALPH. M. STODGILL , publicado en 1974 como manual de liderazgo..

BASES PARA EL DESARROLLO DE LA TEORIA STOGDILL:

- La definición de liderazgo enfocada a procesos grupales ha influido en los investigadores para realizar estudios sobre liderazgo atendiendo la importancia de los grupos, tanto en su estructura como en sus procesos.
- Mientras que la tendencia de ver el liderazgo como una función de la personalidad del líder ha tratado de explicar porque algunas personas son más aptas que otras para ejercer el liderazgo, sin embargo, éste enfoque no ha tenido en cuenta las características de los seguidores y de la situación, por lo tanto se ve al liderazgo como una sola Influencia en un solo sentido.
- el enfoque de considerar el liderazgo como el arte de inducir conformismo, al igual que la tendencia anterior, no toma en cuenta a los miembros del grupo o al grupo y considera al liderazgo como un instrumento para amoldar al grupo o sus miembros a los deseos del líder. Los estudios se encaminaron a determinar lo que hace y quiere el líder y no en lo que es el líder.
- El liderazgo visto como una forma de persuasión en lugar de coerción, ó como una forma de poder (no autorizado) pudiera ser equiparado al liderazgo como una forma de influencia. El concepto influencia establece únicamente que el liderazgo tiene cierto efecto en los comportamientos de los miembros del grupo y en las actividades del mismo. Esta conceptualización sirvió de fundamento para estudios sobre todo en asuntos políticos, sociales y religiosos.
- El definir liderazgo en términos de actos o comportamientos proporcionó base para la observación objetiva, hacer mediciones y descripciones y sobre todo para poder experimentar.

- definitivamente el Liderazgo juega un papel principal dentro de un grupo: como instrumento para lograr objetivos mediante la interacción de las diferentes funciones asignadas a los miembros del grupo, estructurando las de manera tal que se mantengan efectivas.

La gran variedad de definiciones muestra que no existe un acuerdo sobre el significado del concepto Liderazgo y esto ha ocasionado que no se haya logrado tener una unificada sobre el Liderazgo como veremos a continuación.

TEORIAS DEL LIDERAZGO

El liderazgo ha sido un tema que ha despertado gran interés en muchos investigadores desde hace mucho tiempo, interés que no ha decaído en los tiempos actuales. Los investigadores han enfocado el estudio del liderazgo en formas muy distintas de donde han emanado una serie de "teorías 'que han tratado de explicar los factores que intervienen en la emergencia del liderazgo y/o la naturaleza del mismo. Las teorías que a continuación se describen son de interés debido a que han servido para definir problemas de investigación.

Teorías del gran hombre.

La conceptualización más común ha sido enfocarse en un solo líder y sus características. Desde los tiempos de Grecia antigua y el Imperio Romano, Herodoto, Tácito y otros historiadores se concentraron en hombres sobresalientes que contribuyeron en forma significativa al acontecer de los eventos principales de su tiempo. En tiempos más recientes, Thomas Carlye con su ensayo sobre héroes reforzó el concepto de que el líder es una persona dotadas de cualidades únicas que capturan la imaginación de las masas, Carlyle con su ensayo se convirtió en el principal proponente de la teoría del gran hombre; la noción de que los hombres hacen los tiempos y las naciones y las moldean de acuerdo a sus habilidades, Woods .
Dowd sostuvo que no existe el llamado "liderazgo de las masas ', que los individuos en cada sociedad poseen diferentes grados de inteligencia energía y fuerza moral.

TEORÍAS DE LOS RAZGOS.

Esta teoría se fundamenta en la proposición de que existe un numero finito de rasgos o características identificables en los líderes efectivos y con éxito. Dichos rasgos distinguen a los líderes con éxito de aquellos que no tienen éxito.

Los factores físicos del 'líder', como peso y altura, han sido estudiados por varios investigadores. Y coinciden en que uno de los principales estereotipos del líder es ser un hombre alto. Resultados igualmente erróneos se encontraron para el peso, físico y salud.

Otro factor que identifica las características del liderazgo es la comunicación verbal.

TEORIAS AMBIENTALES.

Algunos pioneros sobre la investigación propusieron que la emergencia del liderazgo es el resultado del tiempo, lugar y las circunstancias.

De acuerdo a Murphy el liderazgo no reside en la persona si no que es una función de la ocasión, es decir, la situación 'pide" cierto tipo de acciones; el líder no inyecta liderazgo pero es el factor instrumental mediante el cual la solución es lograda.

• Pero si una situación de crisis presenta la oportunidad de adquirir el liderazgo, porque no aparece el hombre, o la mujer que se equipare a la ocasión?

TEORIAS PERSONAL SITUACIONAL.

En las teorías anteriores se intento explicar el liderazgo como el resultado de un solo grupo de fuerzas y no como el efecto de varios grupos de fuerzas individuales y situacionales. Westburgh propone que el estudio del liderazgo debe incluir las características afectivas, intelectuales y de acción del individuo así como las condiciones especificas bajo las cuales el individuo opera. Otro teórico del liderazgo, Brown propuso las que llamó' las cinco campo-dinámicas del liderazgo": el líder debe 1) tener categoría de miembro del grupo al cual pretende liderar, 2) representar una región de alto potencial en el campo social, 3) adaptarse a la actual estructura del campo, 4) entender las tendencias a largo plazo de la estructura del campo y 5) reconocer que un aumento en liderazgo trae una reducción en la libertad del liderazgo.

TEORIAS DE INTERACCION - EXPECTATIVAS

Stogdill propone que a medida de que los miembros de un grupo interactúan y se comprometen en desempeñar tareas comunes, entonces están reforzando la expectativa de que cada uno de ellos continuará interactuando de acuerdo a su previo desempeño.

• La efectividad de un patrón de conducta del líder es contingente a las demandas impuestas por la situación. El líder socialmente alejado
[orientación hacia el trabajo] tiende a ser efectivo en situaciones muy fáciles o muy difíciles. Mientras que el líder altamente sociable [orientado a la interacción] tiende a ser más efectivo en situaciones con exigencias de liderazgo moderado.

TEORIAS HUMANISTICAS

Estas teorías están interesadas en el desarrollo de organizaciones efectivas y de calidad. El ser humano es por naturaleza un organismo motivado, mientras que en una organización es por naturaleza estructurada y controlada. Por lo tanto será función del liderazgo la de modificar la organización con el fin de proporcionar la libertad necesaria para que el individuo ejerza su auto-motivación para el logro de los satisfactores de sus propias necesidades y a su vez que contribuya hacia el cumplimiento de las metas de organización.

El comportamiento del líder debe permitir que sus seguidores formen parte en la toma de decisiones en asuntos que pueden afectar su bienestar y/o su trabajo.

TEORIAS DE INTERCAMBIO

Varios investigadores proponen que la interacción social representa una forma de intercambio en el cual, los miembros del grupo hacen contribuciones a un costo para ellos mismos y a cambio reciben algo a un costo para el grupo o los otros miembros. Si un miembro del grupo es elevado a una posición de mayor estatus   [líder] en el grupo, éste será provechoso para él así como para los miembros del grupo que se beneficiarán de las " buenas sugestiones' de su líder.

TEORIA PM DEL LIDERAZGO

El concepto PM del liderazgo se centra en la idea de que las funciones básicas del líder pueden ser divididas en dos grandes grupos. Uno es la función de contribuir al logro de los objetivos del grupo o a la solución de problemas y el otro es el de mantener y fortalecer el proceso de grupo. Al primer grupo de funciones se le denomina P, por su sigla en inglés de "performance'= desempeño, al segundo grupo se le conoce como M, por su sigla en inglés de = mantenimiento. En español a ésta teoría la llamaremos teoría DM del liderazgo.

Razones por las cuales Misumi seleccionó la conceptualización D- M de los estilos del liderazgo son:

- liderazgo es un " corolario' de las funciones que deben cumplirse en situaciones de grupo.
- El concepto D-M es más preciso en sus reglas y tiene menos significados confusos.
- Es un concepto emotivamente más neutro que la mayoría de los conceptos de liderazgo más populares.
- Permite al menos identificar y estudiar dos dimensiones del liderazgo.
- Es un concepto científico funcional que hace más fácil los estudios de campo y experimentales.

CONCLUSION.

La generalidad de las 'teorías' mencionadas proponen la existencia de un solo estilo de liderazgo ideal y algunos autores de tales teorías hasta han diseñado cursos para entrenar a administradores y líderes para llegar a ése ' estilo ideal'. Validas o no, las teorías desarrolladas representan un verdadero esfuerzo de gran cantidad de investigadores para tratar de : entender el significado de ese proceso tan subjetivo llamado liderazgo, saber cómo contribuye un líder a un organización pública o privada, conocer lo que el líder hace para aumentar la productividad y efectividad de su grupo, determinar cómo puede un líder generar mejor desempeño de cada miembro del grupo, identificar que características hacen que un líder sea efectivo, y algunos otros típicos relacionados con liderazgo que han sido de interés para los investigadores en los últimos cincuenta años.

TEORIAS SITUACIONALES DEL LIDERAZGO

E.H Schein indica que el administrador debe saber diagnosticar y diferenciar las diferencias entre sus subordinados, ser flexible y tener la habilidad de cambiar su comportamiento hacia sus subordinados de acuerdo a su diversidad de necesidades.
Frederic W. Taylor pone de manifiesto que el administrador debe dar énfasis a la tarea, es decir a las necesidades de la organización, ya que el trabajador es visto solo como un factor económico. Varios años después.
Elton Mayo cambia ése enfoque e inicia el movimiento de las relaciones humanas donde el planteamiento es que el administrador debe conseguir la cooperación de sus subalternos para el logro de la meta, proporcionándole a la vez oportunidades para su desarrollo personal.

TEORIAS DEL LIDERAZGO EN BASE AL COMPORTAMIENTO DEL LIDER.

- La Universidad de Michigan a principio de los 50's realizo una serie de estudios que sugerían que un comportamiento de liderazgo podría ser descrito a lo largo de una sola dimensión (o estilo) que va desde un comportamiento enfocado hacia la tara y otro enfocado hacia el empleado. La Teoría X y la Teoría Y de McGregor reflejan la misma concepción del liderazgo que los estudios de la Universidad de Michigan.
- Posteriormente la Universidad de Ohio y la de Michigan, demostraron que los estilos de liderazgo concentrados en la tarea y en las relaciones humanas, no eran puntos opuestos y terminales de una misma dimensión, si no que, por el contrario, eran dos dimensiones independientes del comportamiento del líder y que este puede emplear uno u otro estilo o bien una combinación de grupos.

- Una teoría sobre el liderazgo con planteamiento similar a las anteriores es la desarrollada por Tannenbaun y Schmidt, que presentan un continuo de comportamientos disponibles para que el líder pueda escoger de acuerdo a la situación que se presente en relación a sus subordinados, la gama de estilos va desde el centrado en el jefe hasta el centrado en el subordinado.
- La teoría Contingente desarrollada por Fiedler sostiene que la efectividad de un grupo de trabajo depende de dos factores principales: la personalidad del líder y el grado en

que la situación da al líder: poder, control e influencia sobre la situación o, a la inversa, el grado con que la situación enfrenta al líder con la incertidumbre.

ORIENTADO HACIA LAS RELACIONES SE CLASIFICA A LAS VARIABLES SITUACIONALES EN TRES GRUPOS:
- las relaciones entre el líder y los miembros del grupo, que pueden variar de buenas a pobres.
- La estructura de la tarea que puede variar de alta a baja y
- la posición de poder que tiene el líder o autoridad legitima, la cual puede ser fuerte o débil.

LA TEORIA DEL LIDERAZGO SITUACIONAL

Desarrollada por Paul Hersey y Kenneth H. Blanchadr propone que no existe un mejor estilo de liderazgo y que los líderes exitosos son aquellos que pueden adaptar su comportamiento como líder de tal forma que satisfaga las necesidades de sus seguidores y de la situación en particular.

Hersey y Blanchrd argumentan que el modelo de la rejilla organizacional es un modelo actitudinal ya que el interés por la producción y el interés por la gente son dimensiones actitudinales, es decir, interés es como un sentimiento o emoción hacia algo. Mientras que su modelo y el de la Universidad Estatal de Ohio miden cómo se comporta la gente, el modelo de Rejilla Organizacional mide la predisposición hacia la producción y la gente.

VARIABLES DEL LIDERAZGO SITUACIONAL
Hersey - Blanchard
- la medida del comportamiento del líder hacia la tarea, es decir la dirección y guía que es proporcionada por el líder para ejecución del trabajo con un objetivo determinado; indicándoles qué, cuándo, dónde y cómo realizar el trabajo. Establece las metas y define el papel de sus seguidores.
- Comportamiento del líder hacia la relación con sus seguidores, o sea, el grado de apoyo tipo socio- emocional que es proporcionado por el líder a sus seguidores ante una situación dada.
- El grado de madurez o nivel de voluntad que muestran los seguidores para realizar una tarea o función específica.

ESTILOS DE LIDERAZGO
- Autoritario;- es altamente orientado hacia la tarea y con baja orientación hacia las relaciones . Se dice que este estilo es efectivo cuando el líder que lo usa considera que

sabe lo que quiere e impone sus métodos para lograrlo sin crear resentimientos. Mientras que es inefectivo si el líder no tiene confianza en los demás es desagradable y se interesa solo en resultados a corto plazo .

- Persuasivo.- alta orientación hacia a la tarea como a las relaciones . Se dice que es efectivo si el líder es un un buen motivador que fija metas altas, pero alcanzables, y trata a cada miembro de su grupo de manera justa y equitativa y busca trabajar en equipo .

- Participativo.- estilo con una alta orientación hacia las relaciones y baja hacia la tarea. Efectivo si el líder tiene fe en los demás y se preocupa por desarrollar las habilidades de sus seguidores. Inefectivo si el líder es visto como quien se interesa solo en mantener la armonía y no quiere ser quien la rompa por cumplir cierta tarea. (inseguras o sin voluntad).

- Delegativo.- tiene bajo interés hacia la tarea como a las relaciones es efectivo si permite que sus seguidores tomen parte activa en la toma decisiones sobre todo en las referentes a cómo debe hacerse el trabajo y además no interfiere en la interacción social de sus seguidores. Este estilo es inefectivo cuando el líder es visto como un "corre y ve dile'pasivo y sin compromiso tanto por las personas como por el trabajo.

TEORIA DEL APRENDIZAJE SOCIAL

La hipótesis de trabajo de ésta tesis se fundamenta en la teoría del aprendizaje social, la cual tiene su origen en la psicología del desarrollo. La psicología del desarrollo nace como disciplina científica con los trabajos de G. Stanley Hall. El y sus seguidores propusieron que el desarrollo fisco e intelectual del individuo estaban determinados por factores genéticos y que dicho desarrollo seguía cinco principios :

1;- el desarrollo como proceso dinámico

2.- el Desarrollo como consecuencia de la individualidad genética, este indica que existen diferencias inter-individuales que están genéticamente determinadas.

3.- El desarrollo como proceso de especialización creciente. Las capacidades del individuo se van diferenciando cada vez más con el crecimiento haciendo necesario una mayor integración y coordinación de las mismas.

4.- el desarrollo como factor de equilibrio principio de homeóstasis. Todo organismo tiende a mantener constante su medio ambiente interno a pesar de cambios en el medio ambiente externo.

SEGUNDA UNIDAD

COMUNICACIÓN EFECTIVA DENTRO DE LAS ORGANIZACIONES

OBJETIVO DE LA UNIDAD.

EL ESTUDIANTE COMPRENDERA LA IMPORTANCIA, EL PROCESO FLUJO Y BARRERAS DE LA COMUNICACIÓN DENTRO DE LAS ORGANIZACIONES.

Unidad II

COMUNICACIÓN EFECTIVA DENTRO DE LAS ORGANIZACIONES.

2.1 Importancia de la comunicación:

Ese fenómeno maravilloso utilizado por el hombre desde sus principios, esa puerta que nos permite el acceso a todo el mundo de la cultura, es el fenómeno de la comunicación. El acervo Cultural y el nivel de avance logrado por una comunidad que constituyen su civilización, así como todos los medios de los cuales disponemos para modificar y dominar la naturaleza, es decir, el progreso, dependen en igual medida de las posibilidades de una eficiente comunicación.

Nada hubiera significado por sí mismas las habilidades de manufactura del hombre, sino fuésemos aptos para trasmitir nuestra forma de pensar, nuestros sentimientos, nuestras creencias, nuestras reflexiones sobre el pasado o las perspectivas y promesas con las cuales anticipamos el porvenir, aun en función de lo que McLuhan llama "ver el futuro con un espejo retrovisor".

Sin la comunicación, tendríamos que "hacernos", es decir, comenzar cada día nuestra existencia, bajo las mismas opciones de acción y circunstancias que probablemente mediaron cuando apareció la vida humana sobre la Tierra, tal como viene aconteciendo desde siempre, con todas las demás especies, carentes de razón y de voluntad e incapaces de comunicarse entre sí de manera intencional, es decir, para cumplir un objetivo, una aspiración o quizá un sueño

El hecho fundamental de la existencia humana –y esto debe destacarse—es explicable únicamente en cuanto iniciamos y establecemos relaciones "vivas" con otros hombres;

en otras palabras, comunicación en cualquiera de sus manifestaciones. La misma ilustración justifica nuestro carácter de hombres sociales. Por una parte, en la interrelación de nuestros actos y expresiones de vida, cobra presencia la sociedad, y por otra, al mismo tiempo, únicamente podemos reputarnos y existir como hombres, en el seno de la sociedad. Dicho en diferentes términos, damos origen a la sociedad, la cual no tiene realidad fuera de nuestros quehaceres y relaciones; pero no podemos subsistir como seres humanos, fuera de esta.

En esta sociedad en que vivimos se presenta una crisis ante la amenaza de la desintegración del hombre en las diferentes formas de su cultura. Aunque la cultura nos explica científicamente la naturaleza y sus fenómenos, nos proporciona los medios para dominar la energía del universo más que nunca, no nos esclarece autentica y claramente las cuestiones que atañen los actos de nuestra propia vida y en el presente siglo llamado "siglo de las comunicaciones" entre los principales problemas que afrontamos, sino el determinante, como una de las causas, y a la vez, efecto de esta crisis paradójicamente figura la falta de comunicación eficaz.

La simple palabra comunicación sugiere por una parte, solo estructuras en forma de torres de control, mensajes inalámbricos o la imagen de un comentarista que trasmite noticias de toda índole, por la televisión. La comunicación significa mucho más que todo lo anterior. Es un fenómeno que tiene lugar, como señala Moshinsky, por una parte sobre el eje del tiempo, y por otra parte, en el espacio, anulando la distancia. Comunicación es tanto el proceso biológico que rige la herencia, en cuyo caso la información que poseen las moléculas de acido desoxirribonucleico de la célula fecundada la trasmiten a las células que forman la progenie, hasta la educación, fuente por la cual, generaciones coexistentes o sucesivas tratan de establecer un intercambio de experiencias y conocimientos o transmitirlas de una, la más antigua, a otra más moderna.

La comunicación como proceso integrador trasciende a las inquietudes que suscita el estado actual de cosas. Los esfuerzos que propenden a restablecer, si es que ante la hubo, una comunicación efectiva, contribuirán a evitar el riesgo de la destrucción; pero demás de superar un periodo de conflicto, responden a la naturaleza misma del hombre porque desde siempre, a partir de la congregación mas rudimentaria, la comunicación ha constituido y es elemento básico generador de la sociabilidad

Es a través de ella que el hombre se nutre y preserva su carácter como ser eminentemente social. Es condición de existencia. El hombre que vive aislado, decían los griegos "es un dios o una bestia". Es la comunicación, en suma, la forma más plausible de colmar nuestra "estricta necesidad de convivencia" la cual no es asunto privativo de una época. Se identifica con el hombre, dondequiera que se halle: en el pasado, en el presente o en el futuro.

Esta última observación conduce a preguntarnos sobre la realidad y sentido de nuestra especie en el mundo. El afán de inquirir sobre ¿Qué es el hombre? ¿Cuáles son sus diferencias con otros entes? ¿Cuál su destino? Y puesto en el cosmos ¿no representa una preocupación novedosa? Desde los sofistas y Sócrates principalmente. Hasta los pensadores contemporáneos, muchos filósofos se plantean las mismas interrogantes, y múltiples son sus respuestas. Cronológicamente, "el hombre es la medida de todas las cosas" (Protagoras); ciencia del universo y ser social (zoon politikon en Aristóteles); ser superior, a imagen y semejanza del Creador (cristianismo); cualidad de cuerpo y alma (según San Agustín) y con un refugio divino (Santo Tomas y gran parte del Medioevo); razón que mide y valora (para Nicolás de Cusa). En Pascal, el hombre es un ser sin morada, a la intemperie del infinito, de cuya grandeza surge nuestra miseria.

Para otros, fruto de la evolución de la materia; Descartes en cambio, no cree que persistamos para ser, cosa o lugar material; somos sustancia cuya esencia es solamente pensar, y percibe la existencia en una existencia que es la mía. Con las aportaciones iniciales de la Antropología filosófica, que acuña E. Kant, participamos, en cuanto hombres, en lo finito y también en lo infinito por el hecho de poder saber y ser capaces, racionalmente, de determinarnos a sí mismos. Si en Aristóteles la seguridad fue cosmológica y teológica en Santo Tomas, Hegel la encuentra en el tiempo mental histórico, ya que no puede encontrarla en el espacio Copérnico. El hombre pensante no es más que el principio en que la razón del mundo, por encima de la persona y de la sociedad, llega a su autoconciencia plena y a su propia consumación. Algunos más, crematísticamente, solo miran a la sociedad y van en pos de su perfeccionamiento, sin reparar en el hombre. Es, al fin, Feuerbach quien marca la apertura hacia la dimensión más profunda y real que implica la eterna interrogación, cuando define textualmente que "el hombre individual en si no tiene la esencia del hombre, como ser moral ni como ser pensante. El ser del hombre se halla solo en la comunidad en la unidad del hombre con el hombre, una unidad que se apoya, únicamente, en la realidad de la diferencia entre <yo> y < tu >
Los factores tan peculiares del tiempo que nos toca vivir, esto es, por una parte, la disolución progresiva de las viejas formas gregarias, la familia, los gremios, la aldea o la ciudad, el partido y la asociación, y por otra, la técnica que ha rebasado a su inspirador y lo ha colocado a su servicio, lejos de restaurarnos la seguridad y de garantizar nuestros anhelos más íntimos, nos llevan de nueva cuenta a la soledad humana y al estado propicio para intentar una confrontación consigo mismo, de la cual surgen reflexiones promisorias. El hombre que quiere conocerse, ha de sobreponerse a la tensión de la soledad. Solo el hombre que realiza en toda su vida y con su ser entero, --dice M.Buber, las relaciones que le son posibles puede ayudarnos, de verdad, en el conocimiento del hombre. Una vida renovada con su mundo, pese a la atracción de la sociedad, es el punto de partida, y la meditación conduce a destacar que si el individuo o la colectividad contemplados como tales, en sí mismos, se reduce a simples abstracciones, el hecho

fundamental de la existencia humana solo se concibe en la medida en que el sujeto entra en relaciones vivas con otros individuos; es el hombre con el hombres; un ser que busca a otro ser para comunicarse con él en una esfera que excede el ámbito particular de ambos. No es la suma de sus dos existencias, es una realidad que se da "entre" o en medio de estas. La conciencia del "yo" y del "tu" solo es posible en el recinto de lo humano; se manifiesta tanto en el entendimiento con la mirada que cruzan desconocidos al compartir una misma experiencia, como en el dialogo, o la sensibilidad que, en silencio, vinculan a quienes juntos aprecian una obra de valor estético. Sin embargo, no es exclusiva la simultaneidad de vivencias. Recoger los mensajes del pasado, de las experiencias materiales de la cultura o de las innovaciones de la técnica, la cual no es más que una posición de aquella, siempre provenientes, en última instancia, de hombres, también denota la presencia del "yo" "tu" que interpreta nuestra realidad existencial.

La calidad de persona se define por nuestra correspondencia con el mundo (Scheler, Esencia y formas de la simpatía 1923)

Participes en una urdimbre de influjos y nexos sociales, somos capaces de desarrollar una conducta moral, y dotados de su voluntad, sentimientos y razón, nos proponemos fines, escudriñamos los medios para lograrlos, intuimos y realizamos valores. Imprimimos un sentimiento a nuestra actividad; asumimos derechos y responsabilidades y un sinfín de quehaceres. Somos el hombre concreto que hace, sufre y muere, --dice Unamuno—pero, como ya aislado, no podemos ser, --según frase de Ortega Gasset—siempre "yo soy yo y mi circunstancia"

Si la sociedad es una vasta red de acuerdos mutuos, tanto como el conjunto de relaciones organizadas o desorganizadas entre los hombres, directas o indirectas, conscientes o inconscientes, cooperativas o antagónicas; formas, procesos, hechos e interrelaciones reciprocas que suponen la reunión transitoria, el grupo estable y los entes colectivos institucionalizados; pero sin realidad sustantiva propia, que se desenvuelve y explica solo en función del acontecer permanente de la vida humana, su inveterada fuente, su medida y su proyección, resulta que la sociedad, no existe sin el hombre; pero a la vez, sin la sociedad, el hombre no podría siquiera sobrevivir.

Estaríamos fatalmente condenados a comenzar cada vez desde el principio, sino fuésemos capaces de asimilar, repensar, poner en duda y contribuir con algo nuevo, para revertir el patrimonio social, en el todo complejo que llamamos cultura y que incluye conocimientos, habilidades, creencias, el arte, la oral, las leyes, las costumbres y, en general, otras aptitudes que nos legan un antaño remoto o próximos como miembros de la sociedad. ¿Qué sería de nosotros si careciésemos de tradición?

La civilización, grado de adelanto de una comunidad o ultimo nivel cultural que se ha logrado alcanzar, difícilmente desbordaría sus causes originales y nos mantendríamos más o menos como pueblos primitivos. Por lo que hace al progreso, esto es, las conquistas materiales, el poder transformar, dominar y controlar la naturaleza, este se hallaría también en sus etapas más insipientes, sin perspectivas de ulterior desarrollo si en verdad no poseyésemos, como hombres, una tradición.

El hombre tiene la característica de ser siempre heredero; es por naturaleza histórica, permeable al pasado. Tiene que hacerse y principia a partir de lo hecho por otros.
No solo aprovecha sus experiencias, y lo que ha sido, sino que también acoge las experiencias ajenas, lo que fueron los demás sujetos y lo que están siendo sus contemporáneos, merced a la coexistencia parcial de otro tiempo, con el joven, en un mismo presente. Todo esto significa que la vida humana, indefectiblemente, se sirve del pasado y cristaliza en el presente; pero es al mismo tiempo gran promesa, en cuanto que trata una porción de lo futuro como algo que le está subordinado en alguna medida, y ningún animal pude otro tanto. El hombre es, entonces, nada más que hombre social.
En síntesis, hombre, sociedad, cultura, civilización y progreso son conceptos que recíprocamente se convalidad en una proximidad indisoluble; pero la interacción, la fuerza que pone en movimiento estos procesos, a partir del hecho fundamental de la existencia, tal y como el fluido sanguíneo permite la vida del hombre fisiológico, es la comunicación.

Influimos a otros y a su vez recibimos influencia de aquellos a través de la comunicación. Los inventos y descubrimientos dependen de la acumulación de información y de la trasmisión de conceptos en forma gradual. Por mucho que la experiencia directa nos haya brindado las adquisiciones de la comunicación con los demás, nos hacen comprender los alcances tan limitados de nuestras propias capacidades. La habilidad de los hombres para comunicarse condiciona también la solidaridad y el espíritu cooperativo entre los grupos.

En caso de total incomunicación, sin mensaje de ninguna especie, ni sentimientos de pertenencia, sin poder servir, ni ser servidos, el hombre deja de ser hombre. No existe.
Para experimentar las angustias y el estado de frustración y de impotencia que motivan la incapacidad de comunicarse, recuérdense las visitas a una localidad cuyo lenguaje vernáculo se desconoce, no obstante que aun en este caso contamos con las numerosas posibilidades de establecer comunicación con los sentimientos y con los sentidos.

Para el niño o el sujeto en desarrollo, la comunicación configura el mundo que le rodea, define su posición en relación con los demás y le auxilia en la adaptación a su ambiente. En el transcurso del tiempo nuestra forma personal de acercarnos, ver, entender y comprender al mundo exterior, tanto como las direcciones de nuestro pensamiento y el concepto de sí mismos, son producto de los símbolos que nos procura la estructura del lenguaje, vehículo de comunicación por excelencia. La inteligencia, es un hecho también, se activa cuando hay mayores oportunidades de comunicación.

Para el estudiante o el profesional, la habilidad de comunicar lo que ha aprendido es de extrema importancia. No basta atesorar un caudal de conocimientos y de reflexiones, si somos incapaces de enriquecer con ello a otros semejantes. El maestro que no sabe transmitir, motivar, dialogar, suscitar dudas y meditaciones esta fuera de su papel.

Quien busca trabajo y no puede establecer la comunicación que describa su formación, sus capacidades y mostrar sus objetivos convincentemente, es muy probable que sea obligado a tocar muchas puertas antes de encontrar colocación. Por señalar algunos casos más, basta mencionar que el éxito en las esferas política, social, económica, en las relaciones amorosas y en general en las relaciones interpersonales, suele estribar en la habilidad para transmitir lo que se desee o lo que se siente, y sus motivos. Los malos entendidos, las pugnas, a veces de trágicas consecuencias, y los accidentes, incluso, son muchas veces tropiezos que obedecen a una comunicación deficiente. La vida de todos los días nos puede brindar muchos ejemplos de la necesidad de la buena comunicación.

FLORES DE GORTARI, Sergio y Emiliano Orozco Gutiérrez
Hacia una comunicación administrativa integral.
Editorial Trillas. 2ª. Edición México, 1990

La comunicación es un proceso verbal, escrito, visual o cualquier expresión que transmite una idea, información, pensamiento y que puede influir en las personas.

El intercambio de ideas y de información es la savia vital de cualquier organización. Todos los tipos de interacción de una empresa y su medio dependen de alguna forma de comunicación.

Una buena organización funciona con libertad de comunicación entre todos sus ejecutivos. En las empresas fabriles bien administradas, un funcionario subordinado puede solicitar directamente la asesoría o la ayuda de un ejecutivo importante de otra división, así como también pueden solicitar ayuda los subordinados. Todos estos contactos no suponen ninguna violación del control de línea mejorando el rendimiento y la velocidad con que se realiza el trabajo.

El idioma que propicia el aprendizaje y la aplicación del conocimiento tiene características que vale la pena resaltar, pues las palabras como tal contienen energía y mensajes que pueden producir estados anímicos positivos o negativos.

El principal problema en un área de trabajo es el miedo. Si la terminología de la comunicación encierra términos de amenazas, desconfianza o inseguridad, neurofisiológicamente el cerebro condiciona a la persona para que se mantenga inmovilizada y estresada, lo cual limita gravemente su capacidad de trabajo mucho más su capacidad de aprendizaje.

Nada mejor que crear un clima de confianza y seguridad, basados en un lenguaje de respeto y autenticidad, de limpieza mental, en donde se dé como hecho el compromiso de las personas.

La transparencia informativa, en donde todos estén enterados de lo que ocurre, de los por qué y los cómo, pues esto es un factor básico para el involucramiento y compromiso con los resultados de la empresa.

Todos los medios de comunicación, desde papelería, teléfonos, alta voz, comunicación verbal y personal, los mensajes en la empresa, los posters motivacionales, slogans, etc. Deben revisarse y orientarse a un lenguaje propositivo, en donde todos se sientan copartícipes del destina de la empresa.

Evitar el uso de palabras que minimicen a las personas o que las agredan, no importa el puesto, ni el sexo, ni la edad.

Ir creando las frases motivacionales de acuerdo a los tiempos y a las necesidades del personal. Buscar que sean desarrolladoras, que inyecten ánimo y buena voluntad.

Crear hábitos positivos en las formas de saludar, iniciar el día o pasar mensajes. Todos debemos aprender a escuchar activamente, es decir, haciendo sentir al otro que ha sido escuchado. Esto abre las puertas del entendimiento y la aceptación.

Acostumbrarnos a saber pedir disculpas cuando haya que hacerlo, esto dignifica a la persona afectada y a la que pide las disculpas.

El lenguaje va modelando la personalidad. Es por lo tanto tan importante aprender a usarlo bien e ir formando el idioma corporativo que de un sentido de identificación interpersonal y con la empresa.

2.2 Naturaleza de la comunicación en las organizaciones:

La buena comunicación es esencial para el funcionamiento efectivo de cualquier organización. Debido a su penetrante naturaleza, se suele designar a la comunicación como una cadena que une a todos los miembros y actividades de una organización, mediante la transmisión de la información pueden ser coordinadas las ideas, los sentimientos y las actitudes, así como el personal y sus actividades en la búsqueda de los objetivos organizacionales y de la comunicación individual. En una organización el proceso de la comunicación está continuamente en acción entre los individuos y los grupos, tanto hacia arriba como hacia abajo y hacia los lados.

En el pasado, la gerencia había medido la efectividad de su comunicación principalmente en termino de lo bien que se iban narrando sus propios argumentos. Sin embargo, en la actualidad existe un creciente reconocimiento de la importancia y del valor de obtener también la reacción de los empleados: sin entendimiento no existe la comunicación. El logro del entendimiento mutuo requiere que el personal gerencial y de supervisión conozca la naturaleza dinámica del proceso de comunicación y que establezcan un clima que fomente el continuo intercambio de información y de sentimientos entre los miembros de una organización.

Mediante sus esfuerzos para establecer una comunicación formal efectiva y para mantener abiertos todos los canales de comunicación, la organización formal se fortalecerá y, al mismo tiempo, las necesidades individuales, en especial las de afiliación y estimación serán satisfechas.

Aun cuando el principal interés será establecer y mantener funcionando con eficacia la comunicación formal, el personal gerencial y de supervisión encontrara que la comunicación informal que se mantiene entre los miembros de la organización requiere su atención y comprensión si desean ser dirigentes eficaces. Mediante el conocimiento de la naturaleza de la comunicación entre los propios empleados fuera de los canales formales, los gerentes y supervisores entenderán mejor las actitudes de los empleados hacia sus puestos y las relaciones entre aquellos, y estarán en mejor posición de suprimir las berreras para la comunicación. Sin embargo debe reconocerse que la efectividad del trabajador, sin tomar en consideración el puesto, esta determinada en cierto grado por su habilidad para comunicarse con su supervisor, con sus compañeros y con los demás. Entonces básicamente la comunicación efectiva es responsabilidad de todo individuo en la organización.

2.3 Definiciones:

Debido a la importancia de la comunicación, se requiere hacer un serio intento para entenderla todo lo mas plenamente posible. En primer lugar diremos que el verbo comunicar se deriva de la voz latina "comunicare" que significa intercambiar, compartir, poner en común, hacer que sepa, transmitir, y comunicación que es la acción y efecto de comunicar. En una acepción más general, debemos entender por comunicación interhumana "la acción y efecto de hacer a otro, participe de lo que uno tiene, descubrir, manifestar o hacer saber a uno alguna cosa, consultar, conferir con otros un asunto, tomando su parecer.

Aristóteles definió el estudio de la retorica (comunicación) con la búsqueda de todos los medio de persuasión que tenemos a nuestro alcance".

Es el proceso dinámico que fundamenta la existencia, progreso, cambios y comportamientos de todos los sistemas vivientes, individuos u organizaciones. La comunicación puede ser entendida como la función indispensable de las personas y de las organizaciones mediante la cual la organización o el organismo se relaciona consigo mismo y su ambiente y relaciona sus partes y sus procesos internos con otro.

La comunicación no es simplemente el mensaje que usted inicia o la respuesta que da quien lo escucha. Más bien es la relación establecida por los mensajes que usted envía a las respuestas que recibe. Su relación con los subordinados es, a la vez, causa y efecto de su eficiencia para comunicarse. Es lo que nos dice J.G. Miller en su definición de comunicación.

Por su parte Colin Cherry:

Explica que el entendimiento de la comunicación en una organización requiere el reconocimiento del hecho de que existen formas de comunicación y de medios. Estas formas pueden variar desde la transmisión de la información a un solo individuo y de la comunicación entre individuos, hasta los más complejos que mantienen unidos a los miembros de la organización. Una comunicación efectiva depende principalmente de crear entendimiento entre los individuos.

2.4 Función de la comunicación en las organizaciones:
No es exagerado decir que la función de la comunicación en las organizaciones, es el medio que unifica toda actividad. Se puede contemplar como el medio para alimentar insumos sociales. También es el medio para modificar la conducta, para efectuar cambios, para hacer que la información resulte productiva y para lograr metas. Ya sea que se considere una iglesia, una familia, un grupo de excursionistas o una empresa comercial, es absolutamente esencial la transferencia de información de un individuo a otro.

La palabra "comunicación" se usa actualmente para designar problemas de relación entre la clase obrera y la clase directiva; entre los países y entre la gente en general. Hasta el primer tercio del pasado siglo, la gente ganaba su vida manipulando cosas y no manipulando símbolos.

Los hombres progresaban en su oficio si eran capaces de forjar una espada, de construir un carruaje, de obtener una mejor cosecha o de fabricar un arma.

Aunque son muchas las funciones atribuidas a la comunicación en organizaciones, nos centraremos en autores en los que prime una mirada hacia el exterior de la colectividad empresarial.

Fernando Martín Martín (1995) (citado por Trelles, 2001.p.4) las puntualiza en tareas como coordinar y canalizar el plan o la estrategia de comunicación de la organización; gestionar acciones encaminadas a mejorar la imagen pública; potenciar, desarrollar y difundir la actividad de comunicación; conseguir que esta sea clara, veraz, transparente; mantener estrecha relación de colaboración con los medios y verificar y controlar la calidad e incidencias informativas y publicitarias de todas las acciones de comunicación.

Para Luis Barreiro Pousa, Profesor del Centro de estudios de Técnicas de Dirección de la Universidad de la Habana, dicha materia pretende, entre otras cosas: crear una imagen exterior de la empresa, coherente con la identidad corporativa, que favorezca su posicionamiento adecuado en el mercado y lograr una adaptación permanente a los cambios del entorno mediante el conocimiento actualizado del sector de competencia de manera tal que le permita conocer lo más exactamente posible las necesidades, deseos y comportamientos de sus usuarios actuales o potenciales; los movimientos de sus competidores y del resto de los factores del entorno que facilitan u obstaculizan la actividad empresarial, a fin de elaborar y desplegar una estrategia adecuada que le asegure el éxito.

Dentro de las organizaciones las siguientes funciones principales dentro de un grupo o equipo:

♣ Control: La comunicación controla el comportamiento individual. Las organizaciones, poseen jerarquías de autoridad y guías formales a las que deben regirse los empleados. Esta función de control además se da en la comunicación informal.

♣ Motivación: Lo realiza en el sentido que esclarece a los empleados qué es lo que debe hacer, si se están desempeñando de forma adecuada y lo que deben hacer para optimizar su rendimiento. En este sentido, el establecimiento de metas específicas, la retroalimentación sobre el avance hacia el logro de la meta y el reforzamiento de un comportamiento deseado, incita la motivación y necesita definitivamente de la comunicación.

♣ Expresión emocional: Gran parte de los empleados, observan su trabajo como un medio para interactuar con los demás, y por el que transmiten fracasos y de igual manera satisfacciones.

♣ Información: La comunicación se constituye como una ayuda importante en la solución de problemas, se le puede denominar facilitador en la toma de decisiones, en la medida que brinda a información requerida y evalúa las alternativas que se puedan presentar.

2.5 Propósito de la comunicación en la organización:

Ya hemos dejado asentado que Aristóteles estableció la retorica como un medio de persuasión que tenemos a nuestro alcance. Dejo muy claramente asentado que la meta principal de la comunicación es la persuasión, es decir, el intento que hace el comunicador de llevar a los demás a tener su mismo punto de vista. Este tipo de enfoque de la comunicación fue popular hasta la segunda mitad del siglo XVIII. Para fines de este siglo los conceptos de la psicología de las facultades invadieron el concepto que se tenía de la retorica. El dualismo alma-mente fue interpretado y tomado como base para dos propósitos independientes entre sí, de la comunicación. Uno de los objetivos era de naturaleza intelectual o cognoscitiva; el otro era tipo emocional. Uno apelaba a la mente y el otro al alma.

Para que una organización moderna se coloque en posición de aspirar a un fin común, es necesario que quienes la constituyen establezcan una serie de relaciones mutuas para coordinar esfuerzos; así se hace necesario el establecimiento de flujos de comunicación intra e inter grupales. Así uno de los objetivos del área de comunicación es concebir y realizar actividades que creen o fomenten la vitalidad y eficiencia de los referidos flujos internos y externos, esto se logra al adecuar el contenido de la forma, lo cual depende de las audiencias a las que se dirigen los mensajes.

En la comunicación organizacional se debe tener un interés especial por la comunicación con los públicos internos, los receptores a quienes se destinan los mensajes, políticas y estrategias comunicacionales del departamento responsable, son todos los que prestan sus servicios en la organización.

Se dan dos grupos que ejemplifican como se puede dividir una empresa, en empleados de confianza y personal obrero, de ahí se clasifican por nivel como directivo, supervisor, empleado y obrero.

La comunicación actúa para controlar el comportamiento individual de diversas maneras. Las organizaciones tienen jerarquías de autoridad y guías formales a las cuales deben atenerse los empleados. Por ejemplo, cuando se pide a los subordinados que comuniquen primero a su jefe inmediato cualquier irregularidad relacionada con el trabajo, con el propósito de seguir la descripción de su puesto o de cumplir con las políticas de la compañía, la comunicación cumple una función de control. Pero la comunicación informal también controla el comportamiento. Cuando los grupos de trabajo molestan o acosan a unos miembros que producen más que los demás, informalmente se lo comunican y controlan su comportamiento.

La comunicación favorece la motivación al aclarara a los empleados lo que se ha hecho, si se están desempeñando bien y lo que puede hacerse para mejorar su rendimiento, si es que está por debajo del promedio. El establecimiento de metas específicas, la retroalimentación sobre el progreso hacia las metas y el reforzamiento de un comportamiento deseado estimulan la motivación y requieren de la comunicación.

La comunicación que tiene lugar dentro del grupo es el mecanismo fundamental por el cual los miembros muestran sus frustraciones y su satisfacción. La comunicación, por tanto, proporciona un alivio a la expresión emocional de los sentimientos y el cumplimiento de las necesidades sociales.

La función final que la comunicación desarrolla se relaciona con su papel de facilitador de la toma de decisiones. Proporciona la información que los individuos y grupos necesitan para tomar decisiones al transmitir la información para identificar y evaluar las opciones alternativas.

Para que los grupos se desempeñen eficazmente, necesitan mantener alguna forma de control sobre los miembros, estimular el rendimiento, proporcionar un medio de expresión emocional y tomar las decisiones.

En resumen, podemos decir que el propósito de la comunicación debe ser:

1) No contradictorio lógicamente ni lógicamente inconsistente consigo mismo

2) Centrado en la conducta, es decir, expresado en términos de la conducta humana

3) Suficientemente especifico como para permitirnos relacionarlo con el comportamiento comunicativo real

4) Compatible con las formas en que se comunica la gente

La comunicación es esencial para el funcionamiento interno de las empresas debido a que integra las funciones administrativas. Específicamente la comunicación es necesaria en las organizaciones para:

1) Establecer y divulgar las metas de una empresa

2) Elaborar planes para su logro

3) Organizar recursos humanos y de otro tipo en la forma más eficaz y eficiente

4) Seleccionar, dirigir, motivar y crear un clima en el que las personas deseen contribuir

5) Controlar el desempeño

2.6 Responsabilidad por la comunicación:

Por lo general se sabe que los administradores determinan el clima de la organización e influyen sobre las actitudes de los miembros de la empresa principalmente a través de las comunicaciones que inicia la alta gerencia. Aunque en forma fundamental es responsabilidad de los líderes de la organización fijar el ambiente apropiado para una comunicación eficaz, de todas las personas de una empresa deben compartirla.

Los superiores deben comunicación con los subordinados y viceversa. La comunicación es un proceso en dos sentidos en el que los participantes son al mismo tiempo emisores y receptores de una información, la cual fluye verticalmente a lo largo de la cadena de mando y en forma transversal como se utiliza aquí, implica el flujo horizontal de información entre personas de los mismos o similares niveles de la organización y flujos diagonales de información entre personas de diversos niveles, sin relaciones entre superiores y subordinados.

Se suele decir "la comunicación entre los empleados necesita mejorarse; la gerencia puede cuidarse sola". El resultado es que todos los esfuerzos de comunicación se encausan hacia los empleados, como si estos fueran los únicos responsables; pero hay muchas razones por las cuales la comunicación entre niveles gerenciales merecen la mima importancia y mayor responsabilidad. La comunicación dentro del grupo administrativo se conoce como comunicación gerencial o inter gerencial y la responsabilidad de esta es el requisito para comunicarse con los empleados. Al igual que una fotografía, no puede ser másclara que el negativo del que se imprimió, los gerentes no pueden transmitir algo con mayor claridad que con la que lo entienden ellos mismos.

2.7 Propósito y función de la comunicación:

PROCESO ADMINISTRATIVO

Planeación   Organización   Integración   Dirección   Control.

COMUNICACIÓN

Medio ambiente externo

Clientes

Proveedores

Accionistas

Gobiernos

Comunidad

Otros.

PROPÓSITO Y LA FUNCIÓN DE LA COMUNICACIÓN

Pero según David K. Berlo nuestro objetivo básico en la comunicación es el de convertirnos en agentes efectivos, esto quiere decir influir en los demás, en el mundo físico que nos rodea y en nosotros mismos, de tal modo que podamos convertirnos en agentes determinantes y sentirnos capaces de tomar decisiones, llegado el caso. Así que nos comunicamos para influir y para afectar intencionalmente.

Sin embargo, continúa diciendo K. Berlo que demasiado a menudo perdemos de vista los propósitos que nos llevan a comunicarnos y con demasiada frecuencia los construimos de tal manera que seríamos incapaces de decir si los estamos llevando a cabo o no.

Aristóteles estableció la retorica como un medio de persuasión, que tenemos a nuestro alcance. Dejo muy claramente asentado que la meta principal de la comunicación es la persuasión, es decir, el intento que hace el comunicador de llevar a los demás a tener su mismo punto de vista. Este tipo de enfoque de la comunicación fue popular hasta la segunda mitad del Siglo XVII. Para fines de este siglo los conceptos de la psicología de las facultades invadieron el concepto que se tenía de la retorica. El dualismo alma-mente

Para que una organización moderna se coloque en posición de aspirar a un fin común, es necesario que quienes la constituyen establezcan una serie de relaciones mutuas para coordinar esfuerzos; así se hace necesario el establecimiento de flujos de comunicación intra e intergrupales. Así uno de los objetivos del área de comunicación es concebir y realizar actividades que creen o fomenten la vitalidad y eficiencia de los referidos flujos internos y externos, esto se logra al adecuar el contenido de la forma, lo cual depende de las audiencias a las que se dirigen los mensajes.

En la comunicación organizacional se debe tener un interés especial por la comunicación con los públicos internos, los receptores a quienes se destinan los mensajes, políticas y estrategias comunicacionales del departamento responsable, son todos los que prestan sus servicios en la organización.

Se dan dos grupos que ejemplifican como se puede dividir una empresa, en empleados de confianza y personal obrero, de ahí se clasifican por nivel como directivo, supervisor, empleado y obrero.

2.8 El proceso de la comunicación:

El interés por la comunicación ha producido muchos intentos tendientes a desarrollar modelos del proceso: descripciones, listas de ingredientes. Por supuesto que estos modelos difieren, ninguno de ellos puede calificarse de "exacto" o "verdadero". Algunos son de mayor utilidad o corresponderán más que otros al estado actual de los conocimientos acerca de la comunicación.

En su Retorica, Aristóteles dijo que tenemos que considerar tres componentes en la comunicación: El orador, el discurso y el auditorio. Quiso decir con ello que cada uno de los elementos es necesario para la comunicación y que podemos organizar nuestro estudio del proceso de acuerdo con tres variables: 1) la persona que habla, 2) el discurso que pronuncia y 3) la persona que escucha.

La mayoría de nuestros modelos corrientes de comunicación son similares al de Aristóteles, aun cuando en cierta forma más complejos. Uno de los modelos contemporáneos más utilizados fue desarrollado por el matemático Claude Shannon y Weaver no se referían a la comunicación humana; hablaban de comunicación electrónica. En realidad, Shannon trabajaba para el Laboratorio Telefónico Bell. Sin embargo, hubo científicos de la conducta que descubrieron que el modelo de Shannon-Weaver resultaba útil para descubrir la comunicación humana.

Este modelo es compatible con la teoría de Aristóteles, Shannon y Weaver dijeron que los componentes de la comunicación influyen: 1) una fuente, 2) un trasmisor, 3) una señal, 4) un receptor y 5) un destino. Si por fuente entendemos el orador, por señal el discurso, y por destino el que escucha, tenemos el modelo aristotélico, más dos elementos agregados: el transmisor que envía el mensaje original y el receptor que lo capta para hacerlo llegar al destinatario.

La comunicación se puede describir, esquemáticamente, como una cadena que pone en relación a un emisor (o remitente) con un receptor (o destinatario) por medio de un procedimiento físico (canal).

El mensaje que constituye el objeto de la comunicación se compone de elementos simbólicos reunidos según un repertorio o código del que una parte, al menos, ha de ser común a ambos interlocutores.

El conjunto forma un sistema par (es decir, "de retroalimentación" o feedback), que funciona en los dos sentidos según un rizo de comunicación: el emisor, una vez enviado el mensaje, se convierte en receptor y el receptor en el nuevo emisor. En el seno de este proceso, una serie de ajustes ejercen el equilibrio entre los elementos nuevos emitidos ("información") y los elementos ya conocidos ("redundancia"), con miras a un óptimo rendimiento.

El buen funcionamiento de este proceso, denominado cadena de comunicación, está condicionado por su nivel de homogeneidad, así como por el número acumulado de retornos (o posibilidades de realizar feedback) para reducir lo que pueda quedar de heterogeneidad en el sistema. Lo esencial es la compatibilidad de los comunicantes, la idoneidad del canal y la posibilidad de retroalimentación.

Por tanto, las comunicaciones más aleatorias o inseguras son, precisamente, las llamadas "de difusión" o "comunicaciones de masas", por su débil homogeneidad y carencia de retroalimentación.

Se requieren ocho pasos para realizar el Proceso de Comunicación efectivamente, sin importar si éste se realiza utilizando el habla, señales manuales, imágenes ilustradas o cualquier otro medio de comunicación o tipo de lenguaje. Estos pasos son:

1. Desarrollo de una idea.- Este primer paso es el que le da sentido a la comunicación, puesto que primero se debe reflexionar y desarrollar la idea que se desea transmitir con determinada intención. Este paso se representa mediante una idea escrita que se lee con frecuencia en fábricas y oficinas.

2. Codificación.- El segundo paso consiste en codificar o cifrar el mensaje, es decir, ponerlo en un código común para emisor y receptor: palabras (de un idioma común), gráficas u otros símbolos conocidos por ambos interlocutores. En este momento se elige también el tipo de lenguaje que se utilizará: oral, escrito, gráfico, mímico, etc. y el formato específico: oficio, circular, memorándum, póster, folleto, llamada telefónica, dibujo, video, etc.

3. Transmisión.- Una vez desarrollado y elaborado el mensaje, se transmite en el lenguaje, formato y código seleccionado, enviándolo a través de un Canal o vehículo de transmisión, eligiendo el canal más adecuado, que no tenga barreras y previniendo o controlando las interferencias.

4. Recepción.- El paso anterior permite a otra persona recibir el mensaje a través de un Canal de recepción; los canales naturales de recepción son los órganos de los sentidos: vista, oído, olfato, tacto y gusto. Entre más órganos sensoriales intervengan en la recepción, mejor se recibirá el mensaje, pero esto no es una garantía; el receptor debe estar dispuesto a recibir el mensaje, para que éste llegue más fácilmente. Si el receptor no funciona bien, o pone una barrera mental, el mensaje se pierde.

5. Descifrado o Decodificación.- En este paso del proceso el receptor descifra el mensaje, lo decodifica e interpreta, logrando crear o más bien reconstruir una idea del mensaje. Si esa idea es equivalente a lo que transmitió el emisor se puede lograr la comprensión del mismo.

6. Aceptación.- Una vez que el mensaje ha sido recibido, descifrado e interpretado, entonces viene la oportunidad de aceptarlo o rechazarlo, lo cual constituye el sexto paso. La aceptación es una decisión personal que admite grados y depende de la forma en que fue percibido el mensaje, la apreciación que se hace de su exactitud, la opinión previa o prejuicio que se tenga sobre el mismo, la autoridad del emisor y las propias creencias y valores del receptor y sus implicaciones. Si el mensaje es aceptado, entonces se logra el efecto deseado y el verdadero establecimiento de la comunicación.

7. Uso.- Este es el paso decisivo de acción, la reacción que se logra en el receptor y el uso que él le da a la información contenida en el mensaje recibido.

8. Retroalimentación.- La retroalimentación es el paso final que cierra el circuito con la respuesta del receptor, que en este momento toma el papel de emisor, estableciendo así una

interacción bilateral: la Comunicación en Dos Direcciones. Si la retroalimentación no se diera, entonces la comunicación no se estableció plenamente y sólo se quedó a nivel unilateral como información. Retroalimentación es el término que se utiliza precisamente para llamar a la información recurrente o información de regreso, y es muy necesaria porque es la que indica al emisor si el mensaje fue recibido, si fue bien interpretado, si se aceptó y utilizó. Cuando la comunicación es completa, ambos interlocutores estarán más satisfechos, se evitará la frustración y se podrá acordar mejor la relación personal o laboral que se tenga, mejorando consecuentemente los resultados de la relación.

La comunicación requiere un clima de confianza, y es muy importante no defraudar a los demás para que una buena comunicación se pueda dar, ya sea en el terreno personal o profesional.

2.8.1 La regla de cinco de la comunicación organizacional:

Existen dos pasos adicionales a la recepción que los emisores intentan cubrir en caso todas las situaciones de empleo, pero que no son esenciales para completar la comunicación, estos pasos son:

La aceptación de la comunicación por parte del receptor y la retroalimentación que sobre ella emite. Por lo general los emisores de las organizaciones desean que los receptores acepten sus comunicaciones para mejorar la cooperación y la motivación. Del mismo modo; quieren obtener retroalimentación porque ésta les indica en qué medida se ha comprendido correctamente el mensaje y cómo se usará.

Aunque la aceptación y la retroalimentación no son esenciales para completar una comunicación en particular, si lo son para asegurar una relación de trabajo eficiente a largo plazo.

Con frecuencia el conjunto de los cinco pasos de recepción en la comunicación organizacional se denomina la Regla de cinco. El emisor desea que el receptor reciba, entienda, acepte y utilice el mensaje y además suministre retroalimentación. Si una comunicación logra que el receptor de estos cinco pasos, se pueda decir que el éxito fue completo.

REGLA DE CINCO
ACCION QUE DEBEN REALIZAR LOS RECEPTORES.
RECIBIR
ENTENDER
ACEPTAR
UTILIZAR
RETROALIMENTAR

2.8.2 Saber escuchar:

El éxito social se basa en las buenas relaciones, pues nada podemos hacer exclusivamente solos. Y esas buenas relaciones se apoyan en una comunicación efectiva, la cual no es tal a menos que sepamos expresarnos y escuchar adecuadamente. Pero saber escuchar no es algo precisamente fácil de lograr.

Resulta un hecho evidente que cada persona, en su fuero interior, desea o necesita ser escuchado con respeto y cortesía. Puede decirse que todos queremos expresarnos, y obtener atención y reconocimiento. Sin embargo, tendemos a sentirnos frustrados, pues son pocos los que pueden ostentar algún dominio notable en el arte de saber escuchar.

Puede usted preguntarse para que le fuera útil escuchar a los demás. La respuesta es sencilla: para lograr mucho de lo que queremos necesitamos el apoyo de los demás.

Para ganar su apoyo necesitamos desarrollar liderazgo sobre ellos, y para tener esa influencia hace falta conocerlos y saber lo que los motiva, y esto se logra escuchándolos.

Cuando les prestamos atención sincera, les damos una oportunidad de acercarse, de desahogare y de crear o ampliar un vínculo franco y duradero. Tener la paciencia de escuchar sin interrumpir, posibilita que el conversador atento escoja con cuidado sus palabras, ideas y planteamientos.

Lamentablemente, no somos tan buenos oyentes como podríamos serlo, pues pocas veces valoramos con justicia la importancia de saber escuchar, y no estamos entrenados en esta habilidad.

Saber escuchar en una empresa es fundamental. También lo es en la vida en general, pero en la empresa puede ser decisivo.

En alguna ocasión hemos hablado de las reuniones de equipo. Pues bien, "saber escuchar" en una reunión de equipo es sumamente importante. Una, porque incrementa la cohesión del equipo, su sentimiento de compenetración y la importancia y autoestima individual de cada uno de sus miembros. Dos, porque no saber escuchar puede llevar consigo un alto coste a la hora de tomar decisiones en la empresa.

Hasta la fecha no se ha entrenado a los empleados, supervisores y gerentes de empresas, para una efectiva audición. Se ha dedicado atención al lenguaje, a la lectura, a la escritura pero nada se ha intentado por mejorar la situación.

Es cierto que se escucha con el oído, pero se escucha con la mente, escuchar eficientemente ayuda a los receptores a captar exactamente la idea, tal y como pretende el emisor, los que saben escuchar ahorran tiempo por que aprenden mas en un lapso dado y, así mismo descubren algo sobre la persona que había al mismo tiempo que escuchan lo que dice.

Para convertirse en un buen comunicador basándonos en el poder de escuchar, podemos implementar algunas medidas inteligentes basadas en el respeto y el sentido común, tales como:

- ➢ Deje de hablar. No podrá escuchar si está hablando.
- ➢ Elimine las distracciones. No se ponga a hacer otras cosas mientras la persona trata de conversar con usted.
- ➢ Valorar la capacidad de escuchar como una cualidad importante.
- ➢ Conversar de manera consciente con los empleados de la empresa.
- ➢ Sea paciente. Dese el tiempo necesario, no interrumpa a su interlocutor.
- ➢ Respetar los estilos de relación individuales, y no juzgarlos o contradecirlos si no es estrictamente necesario.
- ➢ Practicar la autolimitación verbal (hablar lo necesario) para acostumbrarse a escuchar.
- ➢ Controlar el impulso de interrumpir, desmentir o aconsejar.
- ➢ Prestar atención a los valores emociones de los otros miembros de la empresa, pues nos indican las causas de sus conductas.
- ➢ Mirar a su interlocutor, aunque con intermitencia para no asustarlo.
- ➢ De fed back, responda a sus preguntas o afirmaciones, usando palabras, expresiones cortas ("ah", "entiendo", "claro") o pequeños gestos o movimientos de cabeza o manos.

ACTIVIDADES DE APRENDIZAJE

1.- Escriba un breve resumen del tema 2.1 Importancia de la comunicación desarrollando los siguientes puntos:

a) ¿Cómo se considera la comunicación en el presente siglo?

b) ¿Cuál es su importancia como proceso integrador?

c) A la pregunta ¿Qué es el hombre? ¿Cuál es la respuesta en las diferentes épocas de la historia por diferentes filósofos?

d) La calidad de persona se define por nuestra relación con el mundo. ¿Cómo se explica esto, según Scheler?

2.- ¿Como explica eso de que la sociedad no existe sin el hombre; y a la vez, sin la sociedad el hombre no podría sobrevivir?

3.- ¿Qué diferencias encuentra entre los conceptos: Civilización y Cultura?

4.- Explique en qué forma actúa la comunicación sobre el sujeto en desarrollo en el transcurso del tiempo.

5.- Un requisito indispensable para el profesionista es una buena comunicación, principalmente cuando este busca empleo. ¿Por qué?

6.- Explique porque es esencial una buena comunicación en las organizaciones. (tema 2.2)

7.- ¿Qué entiende por comunicación bilateral?

8.- Escriba una definición de comunicación organizacional.

9.- ¿Cual es la función más importante de la comunicación en las organizaciones?

10.- Se dice que hasta el primer tercio del presente siglo la gente ganaba su vida manipulando cosas y no manipulando símbolos. ¿Por qué? ¿Qué significa esto? Explique.

11.- Se dice que la comunicación sirve de campo unificador de las ciencias sociales. Explique cómo trabaja la comunicación en la Lingüística, la Psiquiatría, la Dinámica de grupos y la Educación.

12.- ¿Cuál es el propósito de la comunicación según Aristóteles?

13.- A fines del siglo XVIII el antiguo propósito de la comunicación cambio de acuerdo a la Psicología ¿Cómo se concibió desde ahora a la comunicación?

14.- Resumiendo a términos generales se puede afirmar que el propósito de la comunicación pude ser:

a)
b)
c)
d)

15.- Específicamente, la comunicación en una organización es necesaria para:

a)
b)
c)
d)
e)

16.- ¿A quién se puede considerar como responsable de la comunicación en una organización? Explique

17.- Elabore un diagrama del proceso de la comunicación que debe utilizarse dentro de las organizaciones.

18.- Para que la comunicación sea eficiente en una organización, además del proceso conocido hay lo que se llama la Regla de cinco. Explique este proceso

19.- Escriba un resumen de lo que significa "Saber escuchar"

20.- De las 10 reglas para saber escuchar, elija cinco que las consideres más importantes y posibles de realizar en la vida diaria

21.- Escriba un breve resumen de la Lectura Complementaria: El origen del lenguaje.

LECTURA COMPLEMENTARIA
Origen del Lenguaje.

Las preguntas que surgen al considerar si la lengua es lógica son: ¿Cómo surgió? ¿De qué modo se comenzó hablar?

No podríamos aceptar en el terreno científico las explicaciones etimológicas que pretenden derivar todas la lenguas de una, cuando está bien demostrado y a la vista del mundo que son muchos los grupos lingüísticos que nada tienen en común. "Tenía entonces toda la Tierra una sola lengua y unas mismas palabras" (Gen.11:1)

No menos inadmisibles son las afirmaciones que tratan de encontrar los principios del lenguaje humano en el de los animales. Indudablemente que los animales tienen su lenguaje animal también lo posee el hombre, aun cuando la educación y las normas sociales le impidan hacer uso frecuente de él. Si un perro ladra ante el extraño que pretende asaltar la casa de su amo; si un ciervo grazna al adivinar desde la lejanía su repugnante botín, también el hombre grita a sus mementos de pasión airada o de exaltación incontenible para expresar su estado de ánimo.

El lenguaje humano es precisamente lo que caracteriza al hombre y lo distingue del animal, en tanto que el lenguaje animal es una de las características comunes entre ambos. Además, un perro de Paris ladra de manera al perro de la misma especie que vive en Pekín; los pájaros de la misma especie cantan con gran similitud en todas las latitudes, y los gruñidos o expresiones instintivas del hombre de los diferentes países y razas son casi idénticos.

Para la lengua de un japonés no se parece a la de un mexicano, ni en su contenido, ni en su forma, ni en su estructura, el hombre ha dado a su lengua una peculiar estructura y contenido y ha volcado en ella los diversos aspectos de su ser. "Ahora pues, descendamos y confundamos allí sus lenguas, para que ninguno entienda el habla de su compañero" (Gn.11:7)

Desafortunadamente, no se tiene hoy día una explicación racional sino parcialmente sobre el origen de las lenguas y del lenguaje.

Indudablemente el hombre primitivo tras de captar la imagen de las cosas, debió de adjudicarles en su mente una denominación: de este modo nació sin duda el sustantivo, que debió desenvolverse muy pronto de dos vocablos: uno para designar el objeto y otro para referirle alguna cualidad (adjetivo). Después para relacionar los objetos ya denominados, debió de crear el hombre primitivo el verbo, instrumento de expresión que hubo de señalar un verdadero progreso en la evolución humana. Con la aparición del pronombre personal, pudo el hombre darle al verbo terminaciones personales, y las partículas debieron de servirle para perfeccionar sus medios de expresión y darle con ello, la función esencial que es la comunicación.

Así se inicia una ciencia que se llama lingüística que tiene sus principios en el siglo V antes de nuestra era, con una gramática del Sanscrito (la lengua perfecta) en la India; más tarde los griegos, en el Cratilo o De la Propiedad de los Nombres, de Platón (429-347 a.C) se analizan algunos fenómenos de la lengua griega como son el hombre y el verbo (con una equivalencia a sujeto y predicado), Aristóteles agrega la conjunción y la noción de tiempo verbal. Aristóteles afirma: "Las palabras habladas son símbolos o signos de afecciones i impresiones del alma; las palabras escritas son signos de las palabras habladas. La expresión verbal lo mismo que la escritura, no es la misma para todas las clases de hombres. Pero las afecciones mentales, de las cuales estas palabras son signos primariamente, son las mismas para toda la humanidad, como son los objetos de los cuales estas afecciones son representaciones o semejanzas, imágenes, copias".

Los romanos siguen las líneas generales de las gramáticas griegas desde el Siglo II a.C hasta el Siglo VI d.C. En el siglo XV Elio Antonio de Nebrija escribe la gramática de la Lengua Romance "Arte de la lengua castellana" y por primera vez en 1833 aparece la Lingüística refiriéndose al estudio sobre las lenguas.

En el siglo XX aparece el primer curso de la Lingüística del ginebrino Ferdinand Saussure (1933); en Estados Unidos instituye la Gramática Transformacional, Noam Chomsky y últimamente Sebastián Shaumian (ruso) y actualmente surge la naciente ciencia llamada Semiótica o Semiología, ciencia de los signos y de los lenguajes surgida de las ideas de Saussure, gracias a las investigaciones de Roland Barthes, Roman Jakobson, Umberto Eco, Pierre Guidaud, Jorge Mounin y otros. (Dominguez Hidalgo, Antonio. 1977)

2.9 Características de la comunicación:

La comunicación en el ámbito laboral aparece como un elemento fundamental, independientemente de las características de la empresa.

Esta comunicación es imprescindible para que las relaciones, internas y externas, de la empresa se mantengan vivas.

Una comunicación eficiente unifica las distintas actividades que se dan dentro de la organización y favorecen la identificación de los trabajadores con su tarea. En consecuencia, el desempeño en el puesto de trabajo, la satisfacción y la motivación se ven favorecidas.

Para que la comunicación en la empresa sea efectiva, es necesario conocer los distintos tipos de comunicación que se dan dentro de ella, así como los soportes más habituales que se utilizan. Porque los problemas más graves en las empresas tienen su origen en una comunicación deficiente, ya sea interna o externa.

La organización de los canales por los que debe fluir la información hasta llegar a su destinatario conforman las redes de comunicación. Estas redes de comunicación permiten combinar las distintas direcciones que puede tomar la información: ascendente, descendente y horizontal.

Las redes pueden ser formales e informales. Ambos canales se superponen y se complementan. El grado de correspondencia entre ambos puede iniciar el nivel de adecuación entre la estructura y los canales formales de comunicación. Cuando la diferencia es muy significativa, revela que hay diferencias en los canales formales de comunicación establecidos por la empresa.

2.9.1 Comunicación formal:

Es la comunicación en donde el mensaje se origina en un integrante de un determinado nivel jerárquico y va dirigido a un integrante de un nivel jerárquico superior, de un nivel inferior, o de un mismo nivel; siguiendo canales establecidos formalmente por la empresa.

Esta comunicación suele utilizar medios tales como los murales, intercomunicadores, teléfonos, Internet, circulares, memorandos, cartas, publicaciones, informes, reportes, reuniones, charlas, eventos, etc.

La comunicación formal tiene lugar entre el personal de acuerdo con las líneas de autoridad que han sido establecidas por la gerencia. En el sistema nervioso de la organización que proporciona los canales mediante los cuales se transmiten hacia debajo de la gerencia superior al personal subordinado, los procedimientos, practicas, instrucciones de trabajo y los razonamientos que los sustentan, así como la retroalimentación necesaria para los subordinados. También establece canales por donde fluye la comunicación ascendente, es decir, se anima a los subordinados a expresar sus ideas, actitudes y sentimientos.

Dentro de la comunicación formal esta la comunicación escrita, para la que se fijan procedimientos para que el personal de la gerencia superior y media, pueda comunicarse con efectividad con el personal subordinado y con ellos mismos.

Si bien es cierto que se hace mucho uso del medio oral, la mayoría de la comunicación formal será mediante la palabra escrita. Se emplean varios procedimientos, pero es común que las cartas, los memorándums y boletines que han sido preparados y coordinados entre varios miembros del staff para ser distribuidos por toda la organización, sean sometidas a la aprobación o desaprobación de la gerencia superior.

Uno de los medios más importantes de comunicación con el empleado es la descripción del trabajo o puesto. Este documento enumera en detalle los deberes que se espera que desempeñen los empleados, el equipo que usaran y otras importantes informaciones necesarias para su éxito en el trabajo.

Podemos establecer que la comunicación formal, cumple dos principales funciones en la organización:

- Permitir la toma de decisiones y motivar.

Para que la información sea adecuadamente transmitida, es necesario que exista un flujo de comunicación que lo permita. Este flujo de comunicación debe cumplir los siguientes objetivos de información:

- Transmitir la información útil para la toma de decisiones.
- Transmitir la información con exactitud.
- Transmitir la información con rapidez.
- Transmitir la información sin errores.

La comunicación escrita requiere de una buena relación, pues los problemas más comunes en las comunicaciones escritas se dan porque quienes redactan los mensajes omiten la conclusión o la esconden en el informe., no son breves y utilizan una gramática deficiente , estructuran mal las oraciones que en ocasiones cambian el sentido del mensaje.

Keit Davis sugiere para mejorar la comunicación escrita lo siguiente:

- Utilizar palabras y frases simples
- Utilizar palabras breves y familiares
- Utilizar pronombres personales (tales como "usted" cuando sea apropiado)
- Proporcionar ilustraciones y ejemplos; proporcionar diagramas
- Elaborar oraciones y párrafos breves
- Utilizar verbos activos tales como "el administrador planea"
- Economizar objetivos
- Explicar comportamientos en forma lógica y directo

2.9.2 Comunicación Escrita:

Las comunicaciones escritas comprenden memos, cartas, publicaciones periódicas de la organización, tableros de avisos o cualquier otro dispositivo que transmita palabras o símbolos escritos.

➢ Las cartas y los memorándums. Estos son breves y concretos, y de circulación interna.

➢ Manuales, cuya misión es marcar los diferentes procesos que ha de seguir ante una situación determinada. Son muy útiles para los trabajadores recién incorporados.

➢ Informes y actas, en ambos hay información estandarizada, y casi siempre aparecen firmados.

➢ Expediente. Su principal característica es que está en constante actualización, ya que se van incorporando datos sobre un tema concreto. Requiere la participación de todos los departamentos.

Ventajas: Cuando las comunicaciones son complejas o extensas, debe ser importante tener un registro permanente, tangible y verificable. Tener algo por escrito obliga a una persona a pensar con mayor cuidado lo que quiere transmitir, o sea, las comunicaciones por escrito estarán bien pensadas, serán lógicas y claras.

Desventajas: Requiere mucho más tiempo. Por ejemplo comunicar algo oralmente tardaría 10 o 15 minutos, pero escribirlo una hora. Otra desventaja, es que la comunicación escrita no tiene mecanismo de retroalimentación automática. No hay señal de que el mensaje fue correctamente recibido y comprendido.

AVISO

Distribuidora Nacional S.A

Informa a sus clientes y público en general que los recibos de colector con la siguiente numeración:

Del 94093 al 94100 y del 96001 al 96100

Fueron sustraídos, por lo tanto, Distribuidora Nacional no se hace responsable de la validez de dichos recibos.

2.9.3 Comunicación Informal:

Se forma en torno a las relaciones sociales e los miembros, y surge siempre que un medio siente la necesidad de comunicarse con otro sin que exista ningún canal formal para ello, o si los que existen son inadecuados. Este tipo de comunicación aparece donde la comunicación formal es insuficiente para la necesidades emocionales y de información de los miembros de la organización.

El principal medio de comunicación empleado en la comunicación informal es el cara a cara, la relación interpersonal directa.

Los boletines pueden contener historias que pasan dentro de la empresa sobre empleados citados por su buen servicio o por un rendimiento laboral sobresaliente. Se utilizan como inyecciones de moral, ayudan a que los empleados de ciertos puntos sienten que forman parte del todo.

La principal distorsión que se forma en este tipo de comunicación es la causada por los rumores, que aquí se forman con cierta facilidad, hacer una comunicación no controlada y que busca complementar la falta de la comunicación formal.

Sin embargo, la comunicación informal, en una organización proporciona datos para juzgar si los canales de la comunicación formal están o no funcionando con efectividad. Mediante el estudio de la comunicación informal pueden hacerse ajustes en la organización formal. Para facilitar la comunicación y para el logro de los objetivos organizados.

Uno de los métodos para estudiar la comunicación informal es observar la composición de los grupos informales de empleados. Por lo general el superior puede notar quien habla con quien durante los periodos libres, quienes almuerzan o comen juntos y otros tipos de contactos en los cuales exista comunicación. Un método muy familiarizado es emplear las técnicas sociométricas. Con la ayuda de estas técnicas se obtiene el conocimiento de las preferencias en las relaciones interpersonales, de esta forma, un superior puede llegar a comprender la naturaleza de la comunicación que fluya entre los individuos y sus efectos sobre sus actitudes hacia sus trabajos, hacia el grupo de trabajo y hacia la organización.

2.9.4 Comunicación oral:

Las personas se comunican entre sí con mayor frecuencia al hablar, a esto se denomina comunicación oral.

Formas comunes de comunicación oral comprenden discursos, discusiones de grupo formales frente a frente, discusiones informales y los rumores.

Ventajas: un mensaje verba puede transmitirse y recibirse respuesta en un mínimo de tiempo. Si el receptor esta inseguro del mensaje, una retroalimentación rápida permite al emisor detectarla inseguridad y corregirla.

Desventajas: la principal es el potencial de distorsión, en especial si el mensaje debe pasar por varias personas. Mientras más personas se vean involucradas mayor será el grado de distorsión. En una organización en la cual las decisiones y otras comunicaciones se transmiten verbalmente por la jerarquía, existe una gran probabilidad de que los mensajes se distorsionen trayendo grandes inconvenientes.
Rumor:
- Es una noticia que está por acontecer o que ha acontecido pero cuya veracidad permanece sin confirmar. Este es consecuencia de la curiosidad por saber qué ha pasado o qué va a pasar respecto a algo que nos interesa.
- El rumor circula fácil y para que se dé deben enterarse muchas personas.

- Crea expectativas y reacciones frente a los hechos y puede ejercer un papel importantísimo en la generación del clima organizacional de cualquier comunidad.
- Es muy común en las organizaciones y en las empresas.
- El rumor es consecuencia directa de no mantener buenos métodos informativos y una buena comunicación entre las diversas instancias que componen una organización social.

Chisme:

- Esta se vale en las empresas de varias redes informales de comunicación que se sobreponen y se cruzan en distintos puntos- es decir, que algunos individuos bien informados pertenecen a más de una red. La chismografía muestra un admirable desprecio por el rango o por la autoridad, y puede enlazar a los miembros de la organización en cualquier combinación de direcciones: horizontal, vertical y diagonal.

2.10 Comunicación Descendente:

La Comunicación puede fluir vertical u horizontalmente. La dimensión vertical puede ser dividida, además, en dirección ascendente o descendente.

Descendente: Es la comunicación que fluye de un nivel del grupo u organización a un nivel más bajo. Es el utilizado por los líderes de grupos y gerentes para asignar tareas, metas, dar a conocer problemas que necesitan atención, proporcionar instrucciones.

Gerente

Supervisor

Empleados, obreros, técnicos, etc.

Este tipo de comunicación posee numerosos inconvenientes o problemas ya que para una gran mayoría de organizaciones la comunicación descendente supera a la de sentido ascendente creando habitualmente problemas de saturación o sobrecarga. En las nuevas organizaciones de la información las redes informáticas internas están ganando posiciones como medio de comunicación que desplaza a la tradicional comunicación a través de relaciones personales y medios escritos. Pero el enorme volumen de datos que transporta puede generar una sobrecarga de información que dificulte su procesamiento y bloquee los procesos de comunicación. Esta nueva organización corre el riesgo de sufrir una desinformación.

Desafortunadamente es común que la información se pierda o distorsione al descender por la cadena de mando. El solo hecho de que la dirección general de una empresa emita políticas y procedimientos no garantiza por sí mismo la comunicación.

En consecuencia, es esencial contar con un sistema de retroalimentación para determinar si la información fue percibida tal como se lo propuso el emisor.

El flujo descendente de información a través de los diferentes niveles de la organización es muy tardado. Las demoras pueden ser tan frustrantes que algunos administradores de alto nivel insisten en que la información sea directamente remitida a la persona o grupo que requiere de ella.

2.10.1 Comunicación Ascendente:

Esta comunicación fluye en forma apuesta a la anterior, es decir, de los empleados o subordinados hacia la gerencia. Se utiliza para proporcionar retroalimentación a los de arriba, para informarse sobre los progresos, problemas, sobre el sentir de los empleados, cómo se sienten los empleados en sus puestos, con sus compañeros de trabajo y en la organización, para captar ideas sobre cómo mejorar cualquier situación interna en la organización. Un líder sabe que ambas direcciones son importantes e imprescindibles para lograr las metas propuestas con el mínimo de problemas, pero lamentablemente no todas las organizaciones tienen conciencia de ello, por lo que en muchas ocasiones las ideas, pensamientos y propuestas de los empleados pasan desapercibidas ya que consideran que esto no influirá en el rendimiento laboral.

Obrero, empleados, técnicos, clientes

Supervisor

Gerente

Las ventajas que se derivan de todo ello son múltiples:

- ❖ Permite conocer el clima social de la organización.
- ❖ Contribuye a estimular la creatividad de los trabajadores.
- ❖ Favorece su enriquecimiento y desarrollo personal.
- ❖ Hace que el trabajo y la dirección sean más cooperativos desapareciendo elementos de tensión y conflicto en las relaciones interpersonales.
- ❖ Aumenta el compromiso con la organización.
- ❖ Mejora la calidad de las decisiones.

Opuestamente a los beneficios apuntados sobre esta comunicación, la comunicación ascendente suele ir acompañada de muchas dificultades o inconvenientes:

Las funciones de protección y seguridad psicológica que ejerce la comunicación unidireccional para el emisor al permitirle mantener una distancia frente al receptor que le proteja de posibles objeciones o críticas a sus órdenes; representa un obstáculo para la implantación del feed-back y el desarrollo de actitudes de escucha.

Generan también bloqueos en la comunicación ascendente las actitudes prejuiciosas, la desconfianza de los superiores hacia los trabajadores.

El sistema de recompensas establecido en la organización condiciona el contenido de las comunicaciones ascendentes. Cuando se incentivan las informaciones positivas sobre la labor realizada y se ignoran o sancionan las quejas, la falta de comprensión de las instrucciones recibidas o las acciones que se desvían del curso prescrito; los mensajes ascendentes sufren un proceso de distorsión y embellecimiento. Sólo se comunican a los jefes los mensajes favorables, se exagera la información positiva, se introducen elementos falsos y se omite información negativa. Las innovaciones individuales, las auto adaptaciones espontáneas que ensayan los trabajadores para la solución más eficaz de problemas cotidianos se silencian, no se comunican; por lo que la organización no puede asimilar y gestionar un conocimiento de inestimable valor para ella.

Bien sea por falta de confianza en el jefe, por miedo al castigo o a posibles represalias o por falta de cultura participativa; los trabajadores practican preferentemente la crítica entre amigos. Pocas veces las críticas sobre los modos de proceder de la dirección se plantean abierta y formalmente por los canales establecidos para ello.

La baja autoestima de un trabajador acostumbrado a recibir y obedecer órdenes, provoca comportamientos excesivamente sigilosos y herméticos.

Aunque en muchas ocasiones la información no se transmite hacia arriba, porque simplemente el trabajador no tiene una visión exacta de la información que su superior necesita para tomar decisiones.

2.10.2 Comunicación transversal.

Esta categoría incluye el flujo horizontal de información entre personas de niveles de organizaciones iguales o similares o los flujos diagonales entre personas de diferentes niveles que tienen relaciones directas de supervisión.

Esta clase de información se utiliza para acelerar el flujo de información, mejorar la comprensión y coordinar esfuerzos para el logro de objetivos de la empresa. Este tipo de
comunicación varía desde las reuniones informales, hasta conferencias más formales y reuniones de consejos o comités.

LECTURA PARA REFLEXIONAR

¿Sabe usted leer?

La pregunta que plantea nuestro titulo tal vez parezca fácil de contestar, sin embargo, muchas personas –aun no siendo analfabetas- no podrían en todos los casos responderla afirmativamente.

Además de una inteligencia normal y de cierta habilidad mecánica existen otros factores que deben tomarse en cuenta para poder leer bien un escrito.

Una lectura bien hecha exige la cooperación de la vista y de la mente: la primera debe saltar continuamente, haciendo tres o cuatro fijaciones en cada línea; la segunda debe estar constantemente alerta para captar el significado de la primera mirada, evitando retrocesos en busca de alguna palabra. La mirada debe dirigirse hacia la mitad superior de las palabras, fijándose sobre todo en el principio de las mismas.

Observar las tablas, gráficos y otras ilustraciones. No pasar por alto los cambios en la tipografía, que son las letras en cursiva, subtítulos y llamadas. Respetar los signos de puntuación, pues son las señales que sirven para delimitar el alcance de las ideas. No leer en voz alta. Esto no solo hace más lenta la lectura, sino que es motivo de distracción.

En el caso de que la lectura este dedicada al estudio, además de todo lo anteriormente dicho, es conveniente subrayar las ideas fundamentales y volver a leerlas para su total comprensión, haciendo pequeñas anotaciones al margen que aclaren el contenido de lo que lee.

Leer rápidamente y comprendiendo lo que se lee es algo que no se improvisa. Un modo de alcanzar mayor velocidad en la lectura consiste en realizar ejercicios de práctica diaria durante un mes, procurando mejorar la velocidad cada día.

El éxito de los estudios está relacionado muy directamente con la capacidad para leer con rapidez y aprovechamiento. Fuera del ambiente escolar, la capacidad de lectura es requisito principal para triunfar en los negocios y hacer frente a numerosas circunstancias que se presentaran cada día en nuestra compleja sociedad.

Ortega y Sampere

Madrid, España

ACTIVIDADES DE APRENDIZAJE

INSTRUCCIONES: Conteste brevemente en hojas tamaño carta y a doble espacio las siguientes preguntas.

1. ¿Por qué se dice que la comunicación formal es el sistema nervioso en una organización?

2. ¿Para qué sirven los manuales de procedimientos de operación en una empresa?

3. ¿De las normas que Keit Davis sugiere para mejorar la comunicación escrita, cuales considera más importantes y por qué?

4. Explique las ventajas y desventajas de la comunicación oral

5. ¿En qué consiste la comunicación informal y para que puede servir esta, en una organización? Explique

6. ¿Cuáles son los elementos que más se utilizan en una organización, en la comunicación descendente? Explique en qué consiste cada uno de ellos

7. ¿Qué prerrequisitos pondría usted como los más importantes para que la comunicación descendente sea eficaz?

8. Exponga sus propios puntos de vista sobre: ¿Para qué sirve la comunicación ascendente en una organización?; ¿Cuáles son sus dificultades para que se realice convenientemente?, y ¿Cuáles serian los métodos más apropiados para desarrollar este tipo de comunicación?

9. ¿Por qué es importante la comunicación transversal en las organizaciones?

10. Dibuje un diagrama donde se identifiquen la forma en que se realizan: Comunicación descendente, comunicación ascendente y comunicación transversal.

2.11 Barreras y fallas en la comunicación:

Durante el proceso de comunicación pueden presentarse ciertos obstáculos que la dificultan y que es necesario detectar para evitarlos y lograr una comunicación eficiente; a dichos obstáculos se les denomina como barreras de comunicación y se clasifican en:

A) SEMANTICAS.- Es la parte de la lingüística que se encarga de estudiar el significado de las palabras; muchas de ellas tienen oficialmente varios significados. El emisor puede emplear las palabras con determinados significados, pero el receptor, por diversos factores, puede interpretarlas de manera distinta o no entenderlas, lo cual influye en una deformación o deficiencia del mensaje.

B) BARRERAS FISICAS.- son las circunstancias que se presentan no en las personas, sino en el medio ambiente y que impiden una buena comunicación: ruidos, iluminación, distancia, falla o deficiencia de los medios que se utilizan para transmitir un mensaje: teléfono, micrófono, grabadora, televisión, etc.

C) FISIOLOGICAS.- son las deficiencias que se encuentran en las personas, ya sea del emisor (voz débil, pronunciación defectuosa) o del receptor (sordera, problemas visuales, etc.) que son factores frecuentes que entorpecen o deforman la comunicación.

D) PSICOLOGICAS.- Representan la situación psicológica particular del emisor o receptor de la información, ocasionada a veces por agrado o rechazo hacia el receptor o emisor, según sea el caso, o incluso al mensaje que se comunica; la deficiencia o deformación puede deberse también a estados emocionales (temor, odio, tristeza, alegría) o a prejuicios para aprobar o desaprobar lo que se le dice, no lea lo que está escrito, no entienda o no crea lo que oye o lee.

En el aspecto administrativo, las barreras pueden ser por la falta de planeación, supuestos no aclarados, distorsiones semánticas, expresión deficiente, pérdida en la transmisión y mala retención, escuchar mal y evaluación prematura, comunicación impersonal, desconfianza, amenaza y temor; periodo insuficiente para ajustarse al cambio; o sobrecarga de información.

Falta de Planeación: Es infrecuente que la buena comunicación sea obra del azar. Muy a menudo la gente habla y escribe sin antes pensar, planear y formular el propósito de su mensaje. No obstante, establecer las razones de una instrucción, seleccionar el canal más rápido y elegir el momento adecuado son acciones que pueden favorecer enormemente la comprensión y reducir la resistencia al cambio.

Supuestos Confusos: A pesar de su gran importancia, suelen pasarse por alto los supuestos no comunicados en los que se basa un mensaje. Los supuestos no aclarados por ambas partes pueden resultar en confusión y pérdida de la buena voluntad.

Distorsión Semántica: La cual puede ser deliberada o accidental. El anuncio de que "Vendemos por menos" es deliberadamente ambiguo; suscita la pregunta: ¿menos de qué? Las palabras pueden provocar reacciones distintas. Para lagunas personas el término "gobierno" puede significar interferencia o gasto deficitario, pero para otras puede significar ayuda, trato igual y justicia.

Mensajes Deficientemente Expresados: Aun siendo claras las ideas del emisor de la comunicación, su mensaje puede resentir palabras mal elegidas, omisiones, incoherencia, mala organización, oraciones torpemente estructuradas, obviedades, jerga innecesaria y falta de claridad respecto de sus implicaciones. Esta falta de claridad, que puede ser costosa, se puede evitar si se pone más cuidado en la codificación del mensaje.

Escucha Deficiente y Evaluación Prematura: Son muchos los buenos conversadores pero pocos los que saben escuchar. Todos hemos conocido a personas que intervienen en una conversación con comentarios sin relación con el tema. Escuchar exige total atención y autodisciplina. Requiere asimismo que el escucha evite la evaluación prematura de lo que dice la otra persona. Es común la tendencia a juzgar, a aprobar o reprobar lo que se dice, en vez de hacer un esfuerzo por comprender el marco de referencia del hablante. En pocas palabras, escuchar con empatía puede reducir algunas de las frustraciones de la vida en las empresas y resultar en una mejor comunicación.

Desconfianza, Amenaza y Temor: La desconfianza, la amenaza y el temor minan la comunicación. En un ambiente en el que estén presentes estos factores, todo mensaje será visto con escepticismo. La desconfianza puede ser producto de las incongruencias en la conducta del superior, o de anteriores experiencias en las que el subordinado fue castigado por haberle transmitido honestamente a su jefe información desfavorable pero verídica. De igual modo, ante la presencia de amenazas (reales o imaginarias) la gente tiende a replegarse, adoptar una actitud defensiva y distorsionar la información. Lo que se necesita es entonces un ambiente de confianza, el cual facilita la comunicación abierta y honesta.

Periodo Insuficiente para la Adaptación al Cambio: El propósito de la comunicación es efectuar cambios que pueden afectar seriamente a lo empleados. Algunas comunicaciones apuntan a la necesidad de capacitación adicional, ajustes profesionales, etc. Los cambios afectan a las personas de distintas maneras, de modo que puede tomar cierto tiempo reflexionar en el pleno significado de un mensaje. En consecuencia, y para una eficiencia máxima, es importante no forzar el cambio antes de que los individuos puedan adaptarse a sus implicaciones.

Sobrecarga de Información: Podría pensarse que un más abundante e irrestricto flujo de información ayudaría a la gente a resolver sus problemas de comunicación. Pero un flujo irrestricto puede dar como resultado un exceso de información. Cada individuo responde a la sobrecarga de información de distinta manera. Primeramente puede desestimar cierta información. En segundo término, si un individuo se ve abrumado por demasiada información, puede cometer errores al procesarla. En tercero, las personas pueden demorar el procesamiento de información ya sea permanentemente o con la intención de ponerse al día en el futuro. En cuarto lugar, la gente puede filtrar información. La filtración puede ser útil cuando se procesa primero la información más urgente e importante y se concede por lo tanto menor prioridad a mensajes menos importantes. Finalmente, las personas reaccionan a la sobrecarga de información sencillamente rehuyendo la tarea de comunicación. Algunas reacciones a la sobrecarga de información son en realidad tácticas de adaptación y por lo tanto en ocasiones pueden ser válidas.

ANEXO NO.1

MEMORANDO

Asunto: _____

_____

Fecha: _____

Para:
De: _____
_____

FIRMA DEL EMISOR

C.C.

ANEXO NO.4

EJEMPLO DE GALIMATIAS (LENGUAJE OBSCURO)

"Un plomero de New York escribió a la oficina en Washington que había encontrado que el acido clorhídrico era bueno para limpiar caños y preguntaba si era peligroso.
Washington le contesto:

"La eficacia del acido clorhídrico es indisputable, sin embargo, los residuos son incompatibles con la permanencia metálica"

El plomero volvió a escribir diciendo que estaba satisfecho que la oficina estuviera de acuerdo con él. Entonces, la oficina replico con una nota de alarma:

"No podemos asumir responsabilidad por la producción de residuos tóxicos y nocivos del acido clorhídrico y sugerimos que usted use un procedimiento alterno".

El plomero, muy contento, escribió a la oficina apreciando que aun estuvieran de acuerdo con él. Entonces la oficina en Washington exploto

"No use acido clorhídrico, mandara al diablo sus tuberías"

ANEXO NO. 5

POR INTERPRETAR EQUIVOCADAMENTE UNA ABREVIATURA

Hace ya un buen tiempo, un día soleado de mayo, cierta familia inglesa pasaba las vacaciones en Escocia cuando uno de sus miembros, la madre vio una casa de campo, inmediatamente se enamoro de ella, por lo que pidió a su esposo que la acompañara, no sin antes haberla visitado personalmente.

Ya de regreso al hogar, la señora noto un pequeño detalle: no había visto un solo baño en toda la construcción. Decidió escribir al campesino dueño de la propiedad preguntándole en donde había un W.C (wáter closet o baño), a lo que el propietario, creyendo que la clienta se refería a la Wesley Chapel, capilla anglicana, le contesto:

Estimada señora:

Tengo el gusto de decirle que el servicio más cercano se encuentra a solo once kilómetros de distancia de la casa. Eso es algo molesto si su familia tiene la costumbre de ir con frecuencia, pero les agradara saber que muchas personas llevan comida al lugar y permanecen ahí durante todo el día.

Caben ahí trescientas personas sentadas y, para mayor comodidad de los asistentes el comité ha hecho asientos cubiertos de terciopelo. La gente que dispone de tiempo va a pe; los que no, toman el tren y llegan al momento preciso y oportuno. La última vez que estuvo ahí mi esposa, hace más de un año, se vio precisada a permanecer de pie todo el tiempo. Yo por eso, casi nunca voy.

Hay localidades especiales para señoras, quienes son ayudadas por el señor ministro cuando es necesario. Los niños se sientan juntos y todos cantan a coro. A la entrada se les da a todos un papel; los que alcanzan el suyo propio lo comparten con el del compañero de asiento, pero al salir deben entregarlo para que se siga usando durante todo el mes.

Debo decirle que lo que ahí se deposita por los que acuden al acto, es conservado para dar de comer a los huérfanos... Llegando a este punto la señora no aguanto más las nauseas y salió corriendo al baño.

La transacción, después se supo, jamás se realizo... y el campesino escocés nunca se entero por qué.

BIBLIOGRAFIA

1. BERLO, David K. El proceso de la comunicación
   Editorial Ateneo, Buenos Aires, Arg. 1977

2. CHRUEN, Herber J. y SHERMAN, Artur W. Administración de personal

3. DOMINGUEZ HIDALGO, Antonio. Iniciación a las escrituras lingüísticas
   Editorial Porrúa. S.A México 1977

4. FLORES DE GORTARI, Sergio y Orozco Gutiérrez, Emiliano. Hacia una comunicación
   administrativa integral. Editorial Trillas. México, 1990

5. KEIT, Davis. El comportamiento humano en el trabajo. Editorial McGraw-Hill de México
   S.A de C.V, México 1986

6. KOONTZ, Harold et. al. Elementos de administración, Editorial McGraw-Hill 2ª. edición
   México 1985

7. FRENCH, Wendel, L. Administración de personal Editorial Limusa. México 1986

8. ORTEGA, Wenceslao y Sampere, Alberto. Para leer con rapidez. Ediciones del Castillo S.A
   Madrid 1971

9. SHERMAN, Artur W. y Bohlander George. Administración de los recursos humanos
   Editorial Iberoamericana S.A de C.V México 1994

10.-Lyne Joy McFarland, libro "Liderazgo Para el Siglo XXI", editorial Mc Graw Hill, edición Colombia 1996.

11.-Roger Fisher, libro "Liderazgo Lateral", editorial Norma, edición América Latina 1999.

12.-Dave Ulrico, libro " Liderazgo Basado en Resultados", editorial Norma, edición América Latina 1999.

13.-Gary Panel, libro "Liderando la Revolución", editorial Norma, edición Latinoamérica 2000.

14.-John P. Kotter, libro "Liderazgo de Matsushita", editorial Granica, edición Argentina 1998.

15.-Debashis Chatterjee, libro "El Liderazgo Consciente, editorial Granica, edición 2001 México.

16.-J. Donald Walters, libro "El Arte del Liderazgo", editorial Grupo Patria Cultural, edición México 1998.

17.-Robert N. Lussier, libro "Liderazgo", editorial Thomson Learning, edición México 2002.

18.-Max De Pree, libro "El Liderazgo es un Arte", editorial Lasser Press, edición México 1997.

Comportamiento organizacional

Antes de hablar del concepto de comportamiento organizacional, definiremos el concepto de comportamiento para partir de su raíz sin ninguna confusión y establecer bien sus alcances y dimensiones parta ello recurriremos a las explicaciones de Antonio Fernández Parra que señala lo siguiente

Posiblemente, la definición más conocida y clásica sea la realizada por Watson (1924) según la cual la conducta es lo que el organismo hace o dice, incluyendo bajo esta denominación tanto la actividad externa como la interna, de acuerdo con su propia terminología. Moverse es una conducta, pero también lo es hablar, pensar o emocionarse.

El concepto de comportamiento de Watson ha sido recogido y asumido en numerosas ocasiones por quienes posteriormente han intentado definirla, aunque no siempre ha sido correctamente entendido. En contra de lo que se ha afirmado en numerosas ocasiones Watson no reducía el comportamiento únicamente a la actividad motora o movimientos, sino que admitía también la existencia de otros tipos de actividad del organismo, como la emocional.

Además, consideraba que la actividad interna o implícita, como también la denominaba, era conducta, por lo que dedicó varios capítulos de su libro Behaviorism al pensamiento y la emoción. Mira y López (1961), en el prólogo de la edición en español de ese libro, ya indicaba que Watson incluye en el objeto de estudio de la psicología fenómenos que habitualmente se consideran parte de la "vida mental íntima" de la persona. Por tanto, la conceptuación conductista del comportamiento realizada por Watson no era tan particular o restrictiva como algunos autores han afirmado (ver p.ej.: Ajuriaguerra, 1977; Sánchez y Valls, 1991; Widlöcher, 1986).

En consonancia con esta definición se puede considerar comportamiento toda actividad que realiza un organismo siempre que ocurra en el mundo físico (Bayés, 1978). En este sentido, el comportamiento sería tanto la actividad observable como la no observable, ya se le denomine pensamiento, percepción, imaginación, emoción, o incluso cognición (ver p.ej.: Ardila, 1988, 1991; Catania, 1974, 1984; Maher, 1970; Neuringer, 1991; Ribes, 1980; Richelle, 1990; Skinner, 1974; Wolpe, 1993). Como señala Bayés (1978), ciertamente el estudio científico del comportamiento conlleva la necesidad de poder definir el fenómeno que se está estudiando de la forma más objetiva posible, y que éste pueda ser observado, registrado o medido de alguna forma. Esta necesidad metodológica ha conducido, en algunos casos, a establecer una relación entre la posibilidad de observación pública de un hecho y su objetividad. Este es el caso del conductismo metodológico, y del positivismo lógico, que consideran sólo los hechos observables, negando o prescindiendo de todo aquello que no sea objetivo (entiéndase observable). De esta forma se delimita lo psicológico a partir del método, y no de el objeto (Ribes, 1991). Sin embargo, los requisitos metodológicos para el estudio científico de un fenómeno no deben confundirnos a la hora de definirlo. Sería ingenuo y desacertado negar la existencia de parte del comportamiento humano por lo difícil que resulta acceder a él y observarlo (Maher, 1970). Como ha señalado Skinner (1974), descuidarlo porque no es "objetivo" simplemente es un error. El acuerdo entre observadores no puede convertirse en la clave para admitir la existencia de un fenómeno. El comportamiento es objetivo en tanto que realmente ocurre, independientemente de su verificación pública (Ribes, 1980). Esto supone rechazar aquellas definiciones restrictivas que consideran conducta sólo la actividad motora observable del individuo.

Esta definición de comportamiento no está, sin embargo, exenta de problemas. En concreto, al definir la conducta como la actividad de un organismo surgen dudas que es necesario dilucidar: la actividad electrodermal o gástrica, la respiración, la tos, el sueño, que sin duda son actividades del organismo ¿son conducta? Desde un punto de vista psicológico ¿ha de considerarse conducta todo lo que un organismo hace? ¿Donde está la barrera entre lo psicológico y lo biológico? .

La delimitación de lo psicológico respecto a lo biológico no constituye una empresa fácil, y en el contexto de la psicología anormal y clínica resulta aún más problemática como consecuencia de toda una serie de prejuicios somaticistas que todavía perduran en estas disciplinas. Ciertamente, cualquier evento del organismo es por definición material o físico (Ribes, 1991). Todo comportamiento implica actividad biológica en cuanto que es actividad ejecutada por un organismo biológico (Kantor, 1967). Toda conducta es a la vez psicológica y orgánica. Esto no significa, sin embargo, que debamos considerar que toda actividad biológica es conducta, en el sentido psicológico del término, ni que la conducta sea reductible a fenómenos fisiológicos o movimientos (Ardila, 1988; Ribes, 1980; Richelle, 1990). Es decir, que el nivel de análisis propio de la psicología no es el biológico. El estudio del comportamiento requiere su propio nivel de análisis (Kantor, 1967). En relación con la psicología anormal, Maher (1970) intentó solventar este problema señalando que en sí misma la actividad orgánica de los sistemas biológicos no es de interés para el psicopatólogo, salvo cuando está relacionada con la conducta anormal o determinada por factores psicológicos. Siendo cierto, el argumento de Maher no resuelve el conflicto ya que el comportamiento anormal y los factores psicológicos son también actividades del organismo y, como tales, actividad de los sistemas biológicos. A pesar de todo, Maher parece indicar que el funcionamiento aislado de los distintos sistemas del cuerpo humano, como proceso biológico, no puede considerarse conducta, salvo cuando se relaciona con otros fenómenos no biológicos.

Desde una perspectiva teórica diferente, Szasz (1961) diferenciaba entre movimientos, que en cuanto tales son sólo hechos biológicos, y los movimientos que, en cuanto signos o acciones portadoras de un mensaje o significado, son parte de la ciencia de la conducta. De forma similar, Castilla del Pino (1979) ha abordado el asunto diferenciando entre actos aconductuales y conductuales. Para él los actos conductuales son actos con sentido -significado, propósito, intencionalidad, o significación-, mientras que los aconductuales sólo tienen significado en cuanto que hacen referencia a un estado del organismo. Los análisis de Szasz y de Castilla del Pino, aunque interesantes, no dejan de presentar también problemas. La utilización de términos del lenguaje cotidiano con una fuerte carga teleológica (p.ej.: como propósito o intencionalidad), o que inducen a considerar al comportamiento como un signo o señal de otra cosa, pueden resultar muy problemáticos. Este tipo de distinciones entre la conducta y la actividad biológica sólo son útiles en la medida que podamos definir, a su vez, lo que entendemos por propósito, intencionalidad o significado, y que esa definición sea pertinente en el nivel de análisis en el que nos encontramos. Desafortunadamente, la ambigüedad con la que se suelen utilizar esos conceptos dificulta una mayor profundización. Pese a todo, la distinción entre actividad del organismo, que puede ser psicológica o conductual, y el estado del organismo, que no lo es, resulta sin duda interesante. En este sentido otros autores se han manifestado excluyendo del ámbito del comportamiento todos los estados del organismo (p.ej.: Johnston y Pennypacker, 1980).

También se ha considerado que la conducta no es sólo la acción del organismo, sino la interacción o relación interdependiente de un organismo con su medio (ver: Hayes y Hayes, 1990; Kantor, 1967; Ribes, 1980, 1982, 1990; Richelle, 1990), entendiendo que el medio incluye tanto al propio organismo como al entorno físico y social. La distinción entre organismo y medio no se establece desde un punto de vista físico sino funcional. Desde este punto de vista se abandona la noción organocéntrica del comportamiento implícita en otras definiciones, y se le considera como un fenómeno interactivo que no queda limitado a la actividad del organismo sino que incluye todo el sistema organismo-medio. De esta forma, el comportamiento no puede ser definido únicamente en función de la respuesta o actividad del sujeto sino que también debe ser considerado el contexto medioambiental en el que se produce (Hayes y Hayes, 1990; Johnston y Pennypacker, 1980; Öhman, 1981; Ribes, 1982, 1990; Sidman, 1990a; Skinner, 1938, 1957). La actividad del organismo, o respuesta, es sólo un componente de la interacción, pero no la interacción que incluye también al contexto (Ribes, 1990). Como fenómeno psicológico, la actividad del organismo es inseparable de los eventos del medio con los que se relaciona (Bijou y Baer, 1969; Moore, 1984; Morris, 1984; Ribes y López, 1985). Por otra parte, la actividad exclusivamente biológica es reactiva y consiste en acciones de estructuras particulares, células específicas o de su organización (Kantor, 1967). Se caracteriza por estar ligada a condiciones fisicoquímicas específicas con las que se relaciona de forma invariante (Ribes, 1990). Por el contrario, el comportamiento "psicológico", o relación que se establece entre el organismo y el medio, es variable, y se construye a partir de la experiencia del individuo. Siguiendo a Ribes (1990), "lo psicológico se construye como experiencia a partir de lo dado, lo innato: lo biológico" (pág. 92). En esta misma línea, aunque partiendo de planteamientos algo diferentes, señala Ardila (1988) que el comportamiento o acción es algo más que movimientos, son movimientos organizados o integrados a partir del aprendizaje. Por esta razón, la misma actividad biológica puede formar parte de comportamientos diferentes en la medida que esté relacionada con situaciones o contextos distintos. En resumen, se excluye del ámbito de lo psicológico toda actividad invariante y exclusivamente reactiva a factores fisicoquímicos, así como los estados del organismo biológico, y se niega la posibilidad de reducir todo el comportamiento a hechos exclusivamente biológicos. Al mismo tiempo, se considera que el comportamiento se construye, a través de la experiencia, a lo largo de la vida del individuo.

En algunos aspectos estos planteamientos tienen indudables semejanzas con los de otros autores que, partiendo de posiciones teóricas muy distantes, han llegado a algunas conclusiones semejantes. De hecho, la definición del comportamiento como interacción no es exclusiva de autores cercanos a las filosofías que representan el interconductismo o el conductismo radical. Así, Castilla del Pino (1979, 1988) ha argumentado que la conducta es siempre el acto de un sujeto en relación con la realidad, es un acto relacional que no puede definirse fuera del contexto en el que se lleva a cabo. Poch (1989), por otra parte, señala que la conducta sólo puede comprenderse en función al campo o contexto en el que se produce. Parece que estos argumentos defienden también el carácter contextual e interactivo del comportamiento, al que consideran como algo más complejo que la mera actividad biológica sobre la que se sustenta.

En cualquier caso, el comportamiento es un fenómeno bastante más complejo de lo que en algunas ocasiones se ha reconocido. Aunque el debate sobre la definición del comportamiento como objeto de estudio de la psicología, y de todas las disciplinas relacionadas con ella, no está cerrado, sí parece que en la actualidad pueden extraerse algunas conclusiones. Primero, debe considerarse como comportamiento todo lo que el individuo hace o dice, independientemente de que sea o no observable. Segundo, aunque todo comportamiento implica necesariamente actividad biológica del organismo, no es reducible a dicha actividad biológica. Tercero, los estados biológicos del organismo y la actividad reactiva propia de sus células o sistemas, no deben considerarse como un fenómeno psicológico. Cuarto, el comportamiento implica siempre la actividad del individuo en relación con el medio (que puede ser el propio organismo o el entorno físico o social), por lo que no puede definirse ni comprenderse si se reduce exclusivamente a la actividad o respuesta del organismo. Y quinto, la relación que se establece entre la actividad del organismo y su medio es variable.

Como ven hablar de comportamiento tienes sus aristas y hablar de comportamiento organizacional es aun más complejo por ser una disciplina nueva, antes se le denominaba a esta disciplina comportamiento administrativo y sus características eran definidas en estos términos según el texto de Herbert. A Simon el comportamiento administrativo: "como el complejo diseño de relaciones que se pueden producir en un grupo de seres humanos en el contexto de una empresa. Y donde cada miembro del grupo interactúa con mucha información y está sujeto a sus actitudes e interpretaciones de todo lo que lo rodea para lograr objetivos y metas, así como de interacciones múltiples con los otros miembros del grupo. Y que estas afectan sus decisiones, y también una serie de expectativas fijas y comprensibles de lo que los demás miembros del grupo están haciendo y de la forma en que reaccionaran ante lo que él diga y haga." Para el sociólogo esto lo denomina sistema de funciones y roles pero para la mayoría de nosotros es más conocido como organización u empresa. Sin embargo otras connotaciones y denotaciones del término se explican muy bien en el texto el comportamiento humano en el trabajo de Keith Davis y John W. Newstrom que señalan que:

Para poder comprender lo que ocurre en los centros de trabajo es necesario que inicie por la definición, metas, fuerzas y principales características del comportamiento organizacional (CO). Sus conceptos más importantes del (CO) y de los cuartos enfoques básicos del comportamiento organizacional.

DEFINICION

El comportamiento organizacional es el estudio y aplicación de los conocimientos (tanto en lo individual como en grupos) actúan en las organizaciones. Pretende identificar medios para que actúen más eficazmente. El comportamiento organizacional es una disciplina científica cuya base de conocimientos se enriquece persistentemente con gran numero de investigaciones y adelantos conceptuales. Pero también es una ciencia aplicada, ya que la información sobre prácticas efectivas en una organización puede extenderse a muchas otras.

El comportamiento organizacional brinda una muy útil serie de instrumentos para muchos niveles de análisis, por ejemplo ayuda a los administradores a estudiar la conducta de los individuos en una organización. Contribuye asimismo a que comprendan las complejidades de las relaciones interpersonales, las resultantes de la interacción de dos personas (compañeros de trabajo o superior-subordinado) entre si, en el nivel inmediatamente superior, el comportamiento organizacional es muy útil para examinar la dinámica de las relaciones dentro de los grupos pequeños, ya sea equipos formales o grupos informales cuando dos o más grupos (como podrían serlo los departamentos de ingeniería y ventas) deben coordinar sus esfuerzos, los administradores se interesan en las consecuentes relaciones intergrupales. Finalmente, las organizaciones también pueden ser concebidas, y administradas, como sistemas integrales con relaciones ínter organizacionales (fusiones y sociedades en participación).

METAS

La mayoría de las ciencias comparten cuatro metas: describir, comprender, predecir y controlar ciertos fenómenos. Estas también son las metas del comportamiento organizacional, el primer objetivo es describir sistemáticamente el modo en que se conducen las personas en una amplia variedad de condiciones, el cumplimiento de esta meta permite a los administradores comunicar con palabras comunes la conducta humana en el trabajo. Uno de los beneficios del estudio de este libro el comportamiento humano en el trabajo, por ejemplo, es la adquisición de un nuevo vocabulario sobre comportamiento organizacional.

La segunda meta es comprender por qué las personas se comportan como lo hacen, los administradores se sentirían sumamente decepcionados si solo pudieran hablar de la conducta de sus empleados pero no comprender las razones detrás de sus actos, por lo tanto los administradores inquisitivos aprenden a buscar las explicaciones últimas. Predecir la conducta futura de los empleados es una meta mas del comportamiento organizacional, lo ideal sería que los administradores poseyeran la capacidad para predecir la probabilidad de que ciertos empleados sean productivos y dedicados y otros vayan a ausentarse, retrasarse o dar motivo a cualquier forma de desorganización en un día determinado (para que los administradores puedan emprender acciones preventivas).

La última meta del comportamiento organizacional es controlar (al menos parcialmente) y procurar ciertas actividades humanas en el trabajo. Dado que a los administradores se les hace trabajo responsables de los resultados de desempeño, uno de sus principales interés es la posibilidad de ejercer impacto en el comportamiento de los empleados, el desarrollo de habilidades, las actividades de los equipos y la productividad, así pues deben estar en condiciones de obtener de mejores resultados tanto de sus propias acciones como de las de sus empleados, meta en cuya consecución el comportamiento organizacional les sería de gran utilidad.

Algunas personas podrían temer que los instrumentos del comportamiento organizacional se utilizaran para limitar su libertad y despojarlas de sus derechos. Aunque siempre cabe la responsabilidad de que tal cosa ocurra, es muy poco probable que tal cosa sea así, ya que en la actualidad las acciones de la mayoría de los administradores están sujetas a un intenso escrutinio, los administradores no deben olvidar que el comportamiento organizacional es un instrumento humano para el beneficio humano. Su explicación se extiende a la conducta de los individuos en todo tipo de organizaciones, como empresas, organismos gubernamentales,, escuelas y organizaciones prestadoras de servicios. En presencia de cualquier organización, siempre será necesario describir, comprender, predecir y administrar el comportamiento humano.

FUERZAS

Hoy en día la naturaleza de las organizaciones se ve influida por un complejo conjunto de fuerzas. La inmensa variedad de aspectos y tendencias de estas fuerzas puede clasificarse en cuatro áreas: personas, tecnología, estructura y entorno en el que opera la organización, el hecho de que personas trabajen en conjunto en una organización para cumplir un objetivo implica la existencia de algún tipo de estructura de relaciones formales, las personas también hacen uso de la tecnología de modo que se da una interacción entre personas, estructura y tecnología. Estos elementos reciben además la influencia de, influyen en, el entorno externo.

Cada una de estas cuatro fuerzas ejerce efecto en el comportamiento organizacional (CO), como ilustra brevemente en las siguientes secciones.

PERSONAS

La gente compone el sistema social interno de las organizaciones. Este sistema consta de individuos y grupos, estos últimos tanto grandes como reducidos. Existen grupos informales no oficiales y grupos formales oficiales. Los grupos son dinámicos. Se forman, cambian y desmantelan. Las personas son los seres vivientes, pensantes y sensibles que trabajan en las organizaciones para cumplir sus objetivos. Cabe recordar que la razón de existir de las organizaciones es servir a las personas, mientras que la razón de existir de las personas no es servir a las organizaciones.

La organización humana de hoy no es igual a la de ayer, ni la de anteayer. La fuerza de trabajo en particular se ha vuelto extraordinariamente diversa, lo que significa que las personas llegan a un empleo con amplia variedad de antecedentes educativos, talentos y perspectivas. Ocasionalmente esta diversidad entraña retos que la administración debe resolver, como ocurre cuando ciertos empleados manifiestan su individualidad vistiéndose o arreglándose en forma poco común, en tanto que otros representan peculiares desafíos a causa de abusar de sustancias toxicas o de padecer enfermedades potencialmente mortales. Tras examinar sus valores, otros empleados deciden poner sus metas personales por encima de su compromiso con la organización. Los administradores deben estar al tanto de estos diversos patrones y tendencias y prepararse para adaptarse a ellos.

ESTRUCTURA

La estructura define las relaciones formales y el uso que se da a las personas en las organizaciones. La realización de las actividades de una organización supone la existencia de puestos muy diversos. Ello explica que haya administradores y empleados, contadores y trabajadores de estambre. Estas personas deben relacionarse en forma estructural para que sea posible coordinar eficazmente su trabajo, tales relaciones dan origen a complejos problemas de cooperación, negociación y toma de decisiones.
En muchos casos las estructuras organizacionales han sido objeto de aplanamientos (reducción de sus niveles, metas que se consiguen a menudo mediante la eliminación de puestos de la administración intermedia). Recorte y restauración son resultado de la presión por la reducción de costos sin menoscabo de la competitividad. Por su parte, otras estructuras se han vuelto más complejas como consecuencia de fusiones, adquisiciones y nuevos giros empresariales. Varias organizaciones han experimentado con la contratación de "empleados justo a tiempo", o fuerza de trabajo contingente. Finalmente, muchas empresas han abandonado estructuras tradicionales a favor de estructuras basadas en equipos.

TECNOLOGIA

La tecnología aporta los recurso con los trabaja la gente influye en tareas que esta ejecuta. Dado que se lograría muy poco si los individuos se atuvieran a sus solas manos para trabajar, construir edificios, diseñar maquinas, crear procesos de trabajo e integrar recursos. La tecnología en uso ejerce significativa influencia en las relaciones de trabajo. Una línea de ensamble no es lo mismo que un laboratorio de investigación, de igual manera que en una fábrica de acero no imperan las mismas condiciones de trabajo que en un hospital. El mayor beneficio de la tecnología es que permite a las personas trabajar más y mejor, aunque también las restringe de varios modos. Así como ofrecer beneficios, también implica costos. Como ejemplos de impacto de la tecnología pueden citarse el creciente uso de robots y sistemas de control automatizados en líneas de ensamble, el drástico paso de una economía de manufactura a una de servicios, los impresionantes avances en la capacidad del hardware y software de computo, la acelerada transición hacia el amplio uso de la autopista de la información y la necesidad de responder a las demandas sociales de mayor calidad en bienes y servicios a precios aceptables. A su manera, cada uno de estos adelantos tecnológicos intensifica la presión sobre la CO para mantener el delicado equilibrio entre los sistemas técnico y social.

ENTORNO

Todas las organizaciones operan en un entorno interno y externo. No están solas. Forman parte de un sistema mayor con muchos otros elementos, como el gobierno, la familia y otras organizaciones. Muchos de los cambios que ocurren en el entorno generan importantes demandas sobre las organizaciones. La ciudadanía espera que las organizaciones sean socialmente responsables; en todo el mundo surgen nuevos productos y se compiten por los clientes; el impacto directote los sindicatos (medido por la proporción de la fuerza de trabajo sindicalizada) va en declive; el acelerado ritmo de los cambios en la sociedad se apresura cada vez mas. Todos estos factores influyen entre si en un complejo sistema que produce un contexto dinámico (y en ocasiones caótico) para todo grupo de personas, como lo deja ver el epígrafe de John Huey.

Ninguna organización, trátese ya de una fábrica o escuela, puede escapar a la influencia de su entorno externo. Este tiene efecto en las actitudes de las personas y las condiciones de trabajo y hace surgir la competencia por recursos y poder. Por lo tanto, es impredecible en el estudio de la conducta humana en las organizaciones.

Características del campo del comportamiento organizacional

Una de las cualidades más importantes del comportamiento organizacional en su interdisciplinariedad. En el se integran tanto las ciencias de la conducta (el conjunto sistemático de conocimiento sobre los motivos y maneras en que la gente se comporta) como otras ciencias sociales capaces de contribuir a esa materia. Su propósito consiste en aplicar todas las ideas de estas disciplinas que puedan contribuir a mejorar las relaciones entre las personas y las organizaciones. Su naturaleza interdisciplinaria es semejante a la de la medicina, la cual aplica a la práctica médica funcional conocimientos procedentes de las ciencias físicas, biológicas y sociales.

Otra cualidad del comportamiento organizacional es su base emergente de conocimientos producto de la investigación y marcos conceptuales. El campo de comportamiento organizacional ha crecido en profundidad y amplitud, y seguiría madurando. Las claves de su éxito pasado y futuro giran en torno a los procesos asociados del desarrollo teórico, la investigación y la practica administrativa.

Las teorías ofrecen explicaciones sobre la manera de pensar, sentir y actuar de los individuos y sobre los motivos de ello. Identifican importantes variables que después relacionan entre sí para crear propuestas tentativas que puedan ser sometidas a prueba en la investigación. Las mejores teorías poseen también sentido práctico: abordan significativas cuestiones de la conducta, contribuyen a nuestra compresión y suministran lineamientos para el pensamiento y la acción administrativos.

La investigación es el proceso constante en la recopilación e interpretación de evidencias parte de pensar, sentir y actuar de los individuos y sobre los motivos de ello. Identifican importantes variables que después relacionan entre si para crear propuestas tentativas que puedan ser sometidas a prueba en la investigación. Las mejores teorías poseen también sentido práctico: abordan significativas cuestiones de la conducta, contribuyen a nuestra compresión y suministran lineamientos para el pensamiento y la acción administrativos.

La investigación es el proceso constante en la recopilación e interpretación de evidencias pertinentes que sirvan de apoyo a una teoría de la conducta o contribuyan a modificarla. Las hipótesis de investigación son enunciados comprobables por medio de los cuales las variables son puestas en relación entre si para integrar una teoría, y orientar el proceso de recolección de datos. Los datos se generan a través de diversos métodos de investigación, como estudios de investigación de campo y laboratorio y encuestas. Los resultados de estos últimos estudios de investigación, los cuales se dan a conocer a través de diversas publicaciones, pueden influir tanto en la teoría examinada como en prácticas administrativas futuras.
La investigación es un proceso incesante mediante el cual se descubren continuamente valiosos conocimientos sobre la conducta.

Examinar una corriente de investigación es como explorar el río Misisipi desde su apacible fuente en el norte de Minnesota hasta su torrencial desembocadura en el Golfo de México. Así como el recorrido de este río nos permitirá apreciar mejor su crecimiento e impacto, una revisión de las investigaciones nos ayuda a comprender mejor la evolución en el curso del tiempo de las principales ideas del comportamiento organizacional. En consecuencia, a lo largo de este texto se le presentan brevemente donde corresponda los aspectos mas destacados de importantes estudios de investigación.

Pero la investigación y la teoría carecían de utilidad si se les considera por si solas. Los administradores aplican modelos teóricos para estructurar sus ideas; se sirven de los resultados de investigación para obtener ciertos pertinentes para la situación en la que se encuentran. De este modo, se dan un flujo natural y saludable de la teoría y la investigación a la práctica, la aplicación consiente de modelos conceptuales y resultados de investigación para la elevación del desempeño individual y organizacional en el trabajo.

No obstante, los administradores también tienen una función que cumplir en la dirección contraria: el desarrollo de teorías y la realización de investigaciones. La retroalimentación procedente de los profesionales puede indicar si las teorías y modelos son simples o complejos, realistas o artificiales y útiles o inútiles. Las organizaciones sirven como sitios de investigación y dan tema a diversos estudios que sirvan de apoyo a una teoría de la conducta o contribuyan a modificarla. Las hipótesis de investigación son enunciados comprobables por medio de los cuales las variables son puestas en relación entre sí para integrar una teoría, y orientar el proceso de recolección de datos. Los datos se generan a través de diversos métodos de investigación, como estudios de investigación de campo y laboratorio y encuestas. Los resultados de estos últimos estudios de investigación, los cuales se dan a conocer a través de diversas publicaciones, pueden influir tanto en la teoría examinada como en prácticas administrativas futuras.

La investigación es un proceso incesante mediante el cual se descubren continuamente valiosos conocimientos sobre la conducta.

Como se puede apreciar estas aristas que comentábamos son abundantes no solo en su exploración sino en contenido y pocos autores las atienden con tanta minuciosidad como este texto del comportamiento humano en el trabajo hay otros textos como el de Robinss Comportamiento Organizacional que trata los temas a profundidad y basándose en investigaciones recientes sobre el objeto de estudio del comportamiento organizacional.

Partiendo de un contexto teórico señala el comportamiento humano en el trabajo de Keith Davis y John W. Newstrom que:

Todo campo de las ciencias sociales (e incluso de las ciencias físicas) posee un fundamento filosófico de conceptos básicos que orienta su desarrollo. Uno de los conceptos fundamentales de la contabilidad, por ejemplo, es que "por cada débito habrá un crédito". El sistema de contabilidad de partida doble fue cimentado en esta ecuación cuando, hace muchos años, remplazó a la contabilidad de partida única. Por su parte, uno de los principios básicos de la física sostiene que los elementos naturales son uniformes. La ley de la gravedad opera por igual en Tokio y Londres y un átomo de hidrógeno es idéntico en Moscú y

Washington, D.C. Aunque tal uniformidad no puede aplicarse a las personas, esto no quiere decir que no existan ciertos conceptos básicos sobre la conducta humana. El comportamiento organizacional se sustenta en un conjunto de conceptos fundamentales en torno a la naturaleza de los individuos y las organizaciones.

Naturaleza de los individuos

En lo que se refiere a los individuos, existen seis conceptos básicos: diferencias individuales, percepción, individuo integral, conducta motivada, deseo de involucramiento y valor de las personas.

DIFERENCIASINDIVIDUALES Las personas tienen mucho en común (les entusiasma un logro, lloran la pérdida de un ser querido), pero al mismo tiempo cada una de ellas es diferente (y es de suponer que esto seguirá siendo así en el futuro!). La ciencia confirma la validez de la idea de las diferencias individuales. Cada persona es diferente de todas las demás, quizá en millones de maneras, así como, hasta donde se sabe, el perfil de DNA de cada persona es distinto. Por lo general estas diferencias son sustanciales, no insignificantes. Piénsese, por ejemplo, en el hecho de que el cerebro de cada ser humano contiene miles de millones de células y de que este órgano aloja miles de millones de posibles combinaciones de conexiones y fragmentos de experiencias. Todos los individuos son diferentes, y esta diversidad debe ser reconocida y considerada como un bien muy valioso por las organizaciones.

La idea de las diferencias individuales procede de la psicología. Desde que nace, cada persona es única, y las experiencias individuales que comienzan a acumularse desde el nacimiento no hacen otra cosa que acentuar aún más las diferencias entre las personas. Las diferencias individuales significan que los administradores pueden motivar mejor a los empleados si tratan a cada uno de ellos de diferente manera. Si no hubiera diferencias individuales sería posible adoptar formas de trato estándar y universales de dos empleados, que requerirían de un juicio mínimo. Pero las diferencias individuales obligan a los administradores a conceder un trato individual, no estadístico, a los empleados. A la certeza de que cada persona es diferente a todas las demás se le conoce como ley de diferencias individuales.

PERCEPCIÓN Cada persona entiende la realidad y ve las cosas de diferente manera. Incluso frente al mismo objeto, es probable que dos personas lo conciban en forma distinta. Su visión del entorno objetivo pasa por el filtro de la percepción, el modo excepcional en el que cada individuo ve, organiza e interpreta las cosas. Cada persona posee un marco de referencia organizado que va formando a lo largo de la vida mediante la acumulación de experiencias y valores. La posesión de una visión única del mundo es una confirmación más de que las personas actúan corno seres humanos, no corno máquinas racionales.

Cada empleado concibe su mundo de trabajo de diferente manera por varias razones.

Cada uno de ellos posee una personalidad, necesidades y experiencias diferentes y es producto de factores demográficos distintos, o se encuentra en condiciones físicas, periodos o medios sociales muy particulares. Pero sean cuales fueren las razones, tienden a actuar con base en sus percepciones. Parecería, en esencia, que cada persona dijera: "Reacciono, no a un mundo objetivo, sino al mundo tal como lo juzgo de acuerdo con mis convicciones, valores y expectativas." Esta manera de reaccionar da origen al proceso de la percepción selectiva, según el cual los individuos tienden a prestar atención a aquellas características de su entorno de trabajo que son congruentes con o refuerzan sus expectativas. La percepción selectiva no sólo puede provocar malas interpretaciones de hechos ocurridos en el trabajo, sino que también induce a la futura rigidez en la búsqueda de nuevas experiencias. Los administradores deben aprender a esperar diferencias de percepción entre sus empleados, aceptar a las personas como seres dotados de emociones y conducirlas de manera individual.

INDIVIDUO INTEGRAL Quizá, las organizaciones preferirían emplear únicamente las habilidades o el cerebro de una persona, pero lo cierto es que al contratar a un empleado contratan a un individuo integral, no únicamente a ciertas características suyas. Aunque es posible estudiar por separado diferentes rasgos humanos, en definitiva todos ellos forman parte del sistema de que se compone un individuo integral. Las habilidades de una persona no pueden disociarse de sus antecedentes o de sus conocimientos. La vida doméstica no es completamente independiente de la vida laboral, así como las condiciones emocionales no pueden separarse de las condiciones físicas. Las personas operan como seres humanos completos.

La aplicación del comportamiento organizacional por parte de los administradores persigue el desarrollo de mejores empleados, pero también de mejores personas en términos de crecimiento y realización. Un puesto modela de cierta manera a la persona que lo ocupa, de modo que la dirección de una empresa debe considerar los efectos del puesto sobre el individuo integral. Los empleados pertenecen a muchas otras organizaciones aparte de aquella en la que trabajan y desempeñan muchos papeles distintos dentro y fuera de una compañía. La superación de un individuo en su integridad produce beneficios que rebasan los límites de una empresa y obran en favor de la sociedad en la que viven los empleados.

CONDUCTA MOTIVADA La psicología enseña que el comportamiento normal tiene ciertas causas. Éstas pueden relacionarse con las necesidades de una persona y/o con las consecuencias resultantes de sus actos. En el caso de las necesidades, lo que motiva a los individuos no es lo que otros creen que necesitan, sino lo que ellos desean. Un observador externo puede considerar poco realistas las necesidades de una persona, pero aun así ésta seguirá bajo su dominio. Este hecho deja a los administradores dos medios básicos para la motivación de la gente: demostrarle que ciertas acciones redundarán en una mejor satisfacción de sus necesidades o amenazarla con la insatisfacción de sus necesidades en caso de que siga un curso de acción indeseable. Es evidente que el método a favor de la mejor satisfacción de las necesidades es preferible al otro. La motivación es esencial para la operación de las organizaciones. Una organización puede contar con tecnología y equipo de gran calidad, pero si su personal no se siente motivado a aprovecharlos y dirigirlos, tales recursos carecerán de utilidad.

DESEO DE INVOLUCRAMIENTO La gente desea sentirse satisfecha de sí misma. Este deseo se manifiesta en su impulso hacia la eficacia personal, o la certeza de que se poseen las capacidades necesarias para desempeñar una tarea, cumplir las expectativas puestas en determinadas funciones, realizar una contribución significativa o enfrentar exitosamente una situación difícil. En la actualidad muchos empleados buscan activamente oportunidades para involucrarse en decisiones importantes de trabajo a fin de contribuir con su talento e ideas al éxito de la organización. Ansían disponer de la posibilidad de compartir sus conocimientos y obtener enseñanzas de sus experiencias. Las organizaciones deben ofrecer oportunidades de significativo involucramiento, práctica que resultará en beneficios mutuos para ambas partes.

VALOR DE LAS PERSONAS Los individuos, merecen un trato distinto al que se da a otros factores de producción (tierra, capital, tecnología), ya que su importancia en el universo es de orden mayor. A causa de esta distinción, desean ser tratados con atención, respeto y dignidad, lo que demandan en medida cada vez mayor de sus empleadores. Se niegan a seguir aceptando la antigua idea de ser simplemente instrumentos económicos. Desean que se les valore por sus habilidades y capacidades y que se les den oportunidades de desarrollo.

Naturaleza de las organizaciones

En lo que se refiere a las organizaciones, los tres conceptos básicos son que constituyen sistemas sociales, se les forma con base en intereses mutuos y deben tratar éticamente a los empleados.

SISTEMAS SOCIALES La sociología enseña que las organizaciones son sistemas sociales; en consecuencia, sus actividades son gobernadas tanto por leyes sociales como psicológicas. Además de necesidades psicológicas, los individuos también poseen roles sociales por cumplir y una categoría social por alcanzar. Su comportamiento se ve influido por el grupo al que pertenecen, así como por sus impulsos personales. En las organizaciones coexisten de hecho dos tipos de sistemas sociales. Uno de ellos es el sistema social formal (oficial), mientras que el otro es el sistema social informal.

La existencia de un sistema social implica que el entorno organizacional se caracteriza por cambios dinámicos más que por un conjunto estático de relaciones, como lo haría pensar un organigrama. Todas las partes del sistema son interdependientes y están sujetas a la influencia de las demás. Todo se relaciona con todo.

La idea de la existencia de un sistema social ofrece un marco de referencia para el análisis de cuestiones referidas al comportamiento organizacional. En este sentido, contribuye a una mejor comprensión y resolución de problemas de comportamiento organizacional.

INTERESES MUTUOS Las organizaciones necesitan de las personas, y las personas de las organizaciones. Éstas tienen un propósito humano. Se les forma y mantiene con base en cierta mutualidad de intereses entre sus participantes, Los administradores necesitan de los empleados para cumplir los objetivos organizacionales; los individuos necesitan de las organizaciones para cumplir sus, objetivos personales.5 En ausencia de la mutualidad de intereses, carece de sentido pretender la congregación de un grupo y el desarrollo de la cooperación, ya que no existe una base común de la cual partir. Tal como se muestra en la figura 1-4, los intereses mutuos constituyen una meta suprema, que sólo puede alcanzarse mediante los esfuerzos integrados de los individuos y sus empleadores.

ÉTICA Dar a los individuos un trato ético es indispensable para atraer y retener a empleados valiosos en una época de constante abandono de las organizaciones por parte de buenos trabajadores. Para tener éxito, las organizaciones deben tratar éticamente a sus empleados. Cada vez un mayor número de empresas reconocen esta necesidad, a la que están respondiendo con diversos programas destinados a garantizar que administradores y empleados por igual adopten una norma más elevada de desempeño ético. Las compañías han establecido códigos de ética, emitido declaraciones de valores éticos, impartido capacitación en cuestiones éticas, retribuido a empleados de conducta ética notable, definido modelos positivos a seguir e instaurado procedimientos internos para el manejo de faltas morales Asimismo, comienzan ya a percatarse de que puesto que el comportamiento organizacional implica inevitablemente a los individuos, en todas sus acciones está presente de una manera u otra una filosofía ética. Dada la importancia de la ética, nos referiremos frecuentemente a este tema a lo largo del libro.

Cuando las metas y acciones de una organización son éticas, la mutualidad da origen a un sistema de triple retribución en el que se cumplen al mismo tiempo los objetivos individuales, organizacionales y sociales. Las personas derivan mayor satisfacción de su trabajo cuando imperan la cooperación y el trabajo en equipo. Esto les permite aprender, crecer y realizar mayores contribuciones. La organización, por su parte, obtiene un éxito mayor, ya que opera más eficazmente. Se eleva la calidad, mejoran los servicios y los costos se reducen. Quizá el mayor beneficiario del sistema de triple retribución sea la sociedad, dado que le permite disponer de mejores productos y servicios, ciudadanos más capaces y un ambiente general de cooperación y progreso. El resultado es de beneficios mutuos para las tres partes, ninguna de las cuales sale perdiendo.

El comportamiento organizacional persigue la integración de los cuatro elementos representados por los individuos, la estructura, la tecnología y el entorno. Para ello, se apoya en una base interdisciplinaria de conceptos fundamentales sobre la naturaleza de las personas y las organizaciones. En los siguientes capítulos se entrelazarán cuatro enfoques básicos: de recursos humanos, de contingencias, orientado a resultados y de sistemas

Enfoque de recursos humanos (de apoyo)

El enfoque de recursos humanos es -de carácter desarrollista. Se ocupa del crecimiento y desarrollo de las personas a fin de que puedan alcanzar niveles más elevados de aptitud, creatividad y realización, dado que los individuos son el recurso central de cualquier organización y sociedad. La naturaleza del enfoque de recursos humanos se comprende mejor si se le compara con el enfoque tradicional de la administración de principios del siglo xx. De acuerdo con éste, los administradores decidían lo que debía hacerse y después controlaban rigurosamente a los empleados para asegurar el desempeño de las tareas. La administración era directiva y controladora.

Al enfoque de recursos humanos se le conoce también como enfoque de apoyo, dado que, en conformidad con él, la función principal de los administradores ya no es controlar a los empleados, sino apoyar activamente su desarrollo y desempeño.

Enfoque de contingencia

La administración tradicional se basaba en principios que 'supuestamente ofrecían una "mejor manera" de administrar. Según esta perspectiva, debía haber una nera correcta de organizar, delegar y dividir el trabajo. Esta manera correcta era aplicable a todo tipo de organizaciones o situaciones. Se consideraba que los principios administrativos eran universales. Cuando comenzó a desarrollarse el campo del comportamiento organizacional, también muchos de sus seguidores adoptaron el concepto de universalidad. Se creía que las ideas referentes a la conducta se aplicaban a todo tipo de situaciones. Un ejemplo de ello es la convicción de que el liderazgo orientado a los empleados debía ser en toda circunstancia consistentemente Mejor que el liderazgo orientado a las tareas. Podían admitirse excepciones ocasionales, pero en general se pensaba que aquellas primeras ideas eran de aplicación universal.

Hoy la visión más aceptada es que muy pocos conceptos son aplicables a todos los casos. Las situaciones son mucho más complejas de lo que se creía antes, de modo que cabe siempre la posibilidad de que diferentes variables requieran de enfoques de comportamiento distintos. El resultado de ello es el enfoque de contingencias del comportamiento organizacional, del que se desprende que diferentes situaciones requieren de prácticas de comportamiento distintas en función de la eficacia buscada.

Ya no puede hablarse, por lo tanto, de que exista una sola mejor manera de hacer las cosas Cada situación debe analizarse detenidamente para determinar sus variables más significativas fin de establecer el tipo de prácticas más eficaces; La mayor virtud del.; enfoque de contingencias es que estimula el análisis de cada situación antes de que se proceda a la acción y desalienta al mismo tiempo la práctica habitual basada en supuestos universales sobre los individuos. Asimismo, es más interdisciplinario y está más 'Orientado a los sistemas y la investigación que el enfoque tradicional. De este modo,' contribuye a un uso más apropiado de los cono: cimientos actuales sobre las condiciones de los individuos en las organizaciones.

Enfoque orientado a resultados

Todas las organizaciones buscan la obtención de importantes resultados Una de las metas principales de muchas de ellas es ser productivas, de modo que la orientación a resultados es un elemento común del comportamiento organizacional.9 En su definición más sencilla, la productividad es el índice que se deriva de la comparación entre unidades de producción y unidades de insumos, con base, por lo general, en una norma predeterminada. La productividad se eleva cuando es posible generar más productos con igual cantidad de insumos o generar la misma cantidad de productos con menos insumos. La idea de la productividad no implica necesariamente producir más, sino que es más bien una medida del grado de eficiencia con la que se generan los productos deseados, cualquiera que sea la cantidad de éstos. En consecuencia, una mayor productividad es una medida muy valiosa del buen uso de los recursos en la sociedad. Significa que se consume menos en la generación de cada unidad de producción. También, que se desperdicia menos y se hace una mejor conservación de los recursos, resultado que cada vez se valora más en la sociedad.

La productividad suele medirse en términos de insumos y productos económicos, pero también los insumos y productos humanos y sociales son importantes. El aumento de la satisfacción laboral gracias a un mejor comportamiento organizacional, por ejemplo, es un producto o resultado humano. De igual manera, la disposición de mejores ciudadanos en una comunidad corno subproducto de programas de desarrollo de los empleados es un valioso resultado social. Es común que las decisiones de comportamiento organizacional incluyan aspectos humanos, sociales y/o económicos, motivo por el cual a lo largo de este libro habremos de referirnos a varios efectos orientados a resultados del comportamiento organizacional efectivo.

Muchas de estas medidas se combinan en la muy conocida práctica de la administración de calidad total (ACT)."! La ACT es un intento integral por elevar la calidad de los productos o servicios de una empresa mediante una amplia variedad de técnicas y recursos de capacitación. Suele perseguir específicamente la mayor satisfacción del cliente por medio de una escucha más atenta a los clientes, la creación de formas de asociación con los proveedores, la búsqueda de mejoras continuas en los métodos de operación, la capacitación de los empleados en la comprensión y uso de instrumentos estadísticos y la significativa participación de los empleados en sistemas basados en equipos.

UNA FORMULA Un grupo de factores y las relaciones entre ellos ilustran el papel que desempeña el comportamiento organizacional en la generación de resultados organizacionales (véase figura 1-6). Consideremos primeramente la capacidad de un trabajador. Se acepta en general que el producto de los conocimientos y de la habilidad para aplicarlos constituye la característica humana llamada capacidad (véase ecuación 1). Las capacidades pueden mejorar por medio de la contratación de mejores trabajadores (de personas, por ejemplo, con mayor potencial de aprendizaje, más experiencia y deseos de triunfar) o de la impartición de capacitación laboral a los empleados con los que ya se cuenta. La motivación resulta de las actitudes de una persona en reacción a una situación específica (véase ecuación 2). En este libro se concede especial atención a las actitudes de los empleados (de las que se tratará detalladamente en el capítulo 10) y de la influencia que ejercen en ellas los factores situacionales (tales como el liderazgo, del que nos ocuparemos en el capítulo 8) en cuanto a la determinación de la motivación.

La interacción de motivación y capacidad determina el desempeño potencial de una persona en cualquier actividad (véase ecuación 3). El comportamiento organizacional también cumple un papel importante, desde luego, en la motivación a los trabajadores para que adquieran el otro factor: la capacidad. El potencial de desempeño humano debe combinarse con recursos, en tanto que a un trabajador se le debe dar la oportunidad de desempeñarse dirigido a la obtención de resultados organizacionales (como lo indica la ecuación 4)." Los recursos (como instrumentos, poder y suministros) tienen que ver fundamentalmente con los factores económicos, materiales y técnicos de una organización. El comportamiento organizacional cumple un papel clave en el ofrecimiento de oportunidades de desempeño, como quedará de manifiesto en el capítulo 9 al abordar el tema de la necesidad de la delegación de autoridad.

Enfoque de sistemas

Concebir a una organización como un sistema implica la existencia de muchas variables en la organización y la influencia de cada una de ellas en todas las demás por intermedio de una relación compleja. Es probable que un hecho que aparentemente sólo afecta a un individuo o departamento ejerza en realidad influencias significativas en muchas otras partes de la organización. Por lo tanto, al emprender acciones los administradores deben ir más allá de la situación inmediata para determinar los efectos de aquéllas en el sistema en su totalidad.

Así, el enfoque de sistemas obliga a los administradores a adoptar una visión holística del asunto. El comportamiento organizacional holístico interpreta las relaciones personas-organización en términos de personas integrales, grupo integral, organización integral y sistema social integral. Adopta una amplia visión de los individuos en las organizaciones en un esfuerzo por comprender todos los factores posibles que influyen en su conducta. Al analizar un asunto se toma en cuenta la situación total que lo afecta, en lugar de limitar el análisis a hechos o problemas aislados. El caso de John Perkins y la respuesta de su jefe ilustra la aplicación de la visión holística.

El punto de vista de sistemas debe interesar a todos los miembros de una organización. El cajero de un establecimiento de servicios, el mecánico y el administrador trabajan por igual con personas e influyen por lo tanto en la calidad conductual de vida de una organización y en los productos de ésta. Sin embargo, la responsabilidad de los administradores en este sentido suele ser mayor, dado que les corresponde tomar muchas decisiones con importantes efectos en los seres humanos, además de lo cual casi todas sus actividades diarias se relacionan con personas. Así pues, es función de dos administradores aplicar el comportamiento organizacional al cumplimiento de metas individuales, organizacionales y sociales. Deben contribuir a la creación de una cultura organizacional en la que el talento sea utilizado y desarrollado, la gente se sienta motivada, los equipos sean productivos, las organi-zaciones alcancen sus metas y la sociedad coseche grandes beneficios.

No obstante, de las acciones de comportamiento de los administradores pueden desprenderse lo mismo efectos positivos que negativos. Es necesario por tanto que procedan a un análisis de costo-beneficio para determinar si posibles acciones tendrán un efecto neto positivo o negativo (véase figura 1-7). Los administradores deben preguntarse qué ganarán con la aplicación estricta de una política, un nuevo sistema de retribuciones o diferentes métodos de organización del trabajo. Al mismo tiempo, deben reconocer que sus acciones pueden tener, costos tanto directos corno indirectos. Entre estos costos pueden estar retrasos de trabajo, índices de ausentismo más altos u otras consecuencias de insatisfacción de los trabajadores. El proceso de realización de análisis de costo-beneficio obliga también a los administradores a trascender las implicaciones inmediatas de sus acciones.

REFERENCIAS BIBLIOGRAFICAS

- Ajuriaguerra, J. de (1977) Manual de psiquiatría infantil. 4ª Edición. Barcelona: Toray-Masson.
- Ardila, R. (1988) Síntesis experimental del comportamiento. Madrid: Alhambra.
- Ardila, R. (1991) Relaciones entre el análisis y la síntesis experimental del comportamiento. Apuntes de Psicología, 33, 143-146.
- Bayés, R. (1978) Una introducción al método científico en psicología. 2ª Edición. Barcelona: Fontanella.
- Bijou, S.W., y Baer, D.M. (1969) Psicología del desarrollo infantil. Teoría empírica y sistemática de la conducta. México: Trillas. (Original publicado en 1961).
- Castilla del Pino, C. (1979) Introducción a la psiquiatría 1. Problemas generales. Psico(pato)logía. Madrid: Alianza Editorial.
- Castilla del Pino, C. (1988) Psicosis, psicótico. Revista de Occidente, 88, 5-18. Hayes, S.C., y Hayes, L. (1990) The "it" that is steady in steady states. The Behavior Analyst, 13, 177-178.
- Herbert A. Simon,1998. El comportmiento administrativo Editorial Aguilar
- Johnston, J.M., y Pennypacker, H.S. (1980) Strategies and tactics of human behavioral research. Hillsdale, N.J.: LEA.
-
- Kantor, J.R. (1967) Interbehavioral psychology. 2ª Edición. Gainesville, Ohio: The Principia Press. (Traducción en Trillas, México, 1978).
- Keith Davis1999, El comportamiento Humano en el trabajo. Editorial Mc Graw Hill y John W. Newstrom.
- Maher, B. (1970) Principios de psicopatología. Un enfoque experimental. México: McGraw-Hill. (Original publicado en 1966).
- Mira y López, E. (1961) Prólogo a la primera edición castellana. En J.B. Watson (Ed.) El conductismo (págs. 13-15). Buenos Aires: Paidós.
- Moore, J. (1984) Conceptual contributions of Kantor's interbehavioral psychology. The Behavior Analyst, 7, 183-187.
- Morris, E.K. (1984) Interbehavioral psychology and radical behaviorism: some similarities and differences. The Behavior Analyst, 7, 197-204.
- Neuringer, A. (1991) Humble behaviorism. The Behavior Analyst, 14, 1-13.
- Öhman, A. (1981) The role of experimental psychology in the scientific analysis of psychopathology. International Journal of Psychology, 16, 299-321.
- Poch, J. (1989) Psicología dinámica. Barcelona: Herder.
- Ribes, E. (1980) Teoría de la conducta. En E. Ribes, C. Fernández, M. Rueda, M. Talento, y F. López (Eds.) Enseñanza, ejercicio e investigación de la psicología (págs. 165-235). México: Trillas.
- Ribes, E. (1982) El conductismo: reflexiones críticas. Barcelona: Fontanella.

- Ribes, E. (1990) Psicología general. México: Trillas.
- Ribes, E. (1991) Skinner y la psicología: lo que hizo, lo que no hizo y lo que nos corresponde hacer. Apuntes de Psicología, 33, 147-174.
- Ribes, E., y López, F. (1985) Teoría de la conducta. Un análisis de campo y paramétrico. México: Trillas.
- Richelle, M.N. (1990) Behaviour, past and future. En D.E. Blackman y H. Lejeune (Eds.) Behavior analysis in theory and practice. Contributions and controversies (págs. 292-299). Hove: LEA.
  Sánchez, V., y Valls, J.M. (1991) La concepción psicológica en Castilla del Pino. Anthropos, 121, 55-57.
- Sidman, M. (1990) Tactics: in reply. The Behavior Analyst, 13, 187-197.
- Skinner, B.F. (1974) About behaviorism. Nueva York: Alfred A. Knopf. (Traducción en Fontanella: Barcelona, 1975).
- Szasz, T.S. (1961) The myth of mental illness: foundations of a theory of personal conduct. Nueva York: Harper & Row. (Traducción en Amorrortu Editores: Buenos Aires, 1973).
- Watson, J.B. (1924) Behaviorism. Nueva York: W.W. Norton. (Traducción en Paidós, Buenos Aires, 1961).
- Widlöcher, D. (1986) Prefacio. En D. Marcelli y A. Braconnier (Eds.) Manual de psicopatología del adolescente (págs. VII-IX). Barcelona: Masson.
- Wolpe, J. (1993) Práctica de la terapia de la conducta. 3ª Edición. México: Trillas.

www.ingramcontent.com/pod-product-compliance
Lightning Source LLC
Chambersburg PA
CBHW081133170526
45165CB00008B/2663